İPEK ONGUN

Mektup Arkadaşları

ARTEMİS

ABG/158
AB/357
ABG/118
A/55

MEKTUP ARKADAŞLARI
İpek Ongun

Türkçe Düzenleme: Alev Zeynep Şimşek, Alp Özalp
Yaratıcı Yönetim: photoRepublic
Kapak İllüstrasyonları: Betül Sayın
Grafik: Asmin Ayşe Gündoğdu, Murat Yıldırım

50-51. Basım, Haziran 2019
33. Basım, Temmuz 2012

Önceki Baskılar
Epsilon Yayınevi: 14-32. Baskılar
Altın Kitaplar: 1-13. Baskılar

ISBN: 978 - 605 - 142 - 046 - 2
Sertifika No: 10905

ARTEMİS YAYINLARI
Ticarethane Sokak No: 53 Cağaloğlu / İstanbul
Tel: (212) 513 34 20-21 Faks: (212) 512 33 76
e-posta: editor@artemisyayinlari.com
www.artemisyayinlari.com

Baskı ve Cilt: Melisa Matbaacılık
Çiftehavuzlar Yolu Acar Sitesi No: 4 Bayrampaşa / İstanbul
Tel: (212) 674 97 23 Faks: (212) 674 97 29 Sertifika No: 12088

Genel Dağıtım: Alfa Basım Yayım Dağıtım Ltd. Şti.
Tel: (212) 511 53 03 Faks: (212) 519 33 00

Artemis Yayınları, Alfa Yayın Grubu'nun tescilli markasıdır.

İPEK ONGUN

Mektup Arkadaşları

Pırıl pırıl bir sabahtı. Güneş ışınları her yeri ısıtıyor, palmiyelerin, mor salkımlarla donanmış konsolos çiçeklerinin, balkonlardaki sardunyaların üzerine sımsıcak dökülüyordu. Sokak, sabahın canlı telaşı içindeydi. Öğrenciler konuşa konuşa okul yolunu tutmuşlar, pastanenin kapıları açılmıştı. Genç bir delikanlı, elinde hortum yerleri yıkıyor, şalvarlı sütçü evlere süt dağıtıyordu.

Barbaros İlkokulu, Mersin'in şirin yapılarından biridir. Geniş bahçesini çevreleyen ağaçların arasından az ileride, masmavi pırıldayan deniz görünür.

Yüksel Öğretmen çalan zili duyunca, dosyasını eline alıp öğretmenler odasından çıktı ve hızlı adımlarla 5-D sınıfına girdi. Gülüşen, konuşan öğrenciler hemen ayağa kalktılar.

"Günaydın, çocuklar."

"Günaydın, öğretmenim."

"Oturun, çocuklar."

Yüksel Öğretmen çocukların oturmalarını ve gürültünün kesilmesini bekledikten sonra, "Bugün size bir haberim var," diye söze başladı. "Anımsayacağınız gibi, bir süre önce sizlere yurdun öteki bölgelerindeki kardeşlerinizle mektuplaşmak isteyip istemediğinizi sormuştum. Sizlerin olumlu cevabı üzerine yurdun öbür illerindeki bazı okullarla bağlantı kurdum. Onlardan da olumlu cevap alınca, mektuplaşmak isteyen kardeşlerinizin adlarını ve illerini kapsayan listeler istedim. İşte bugün, o listeler geldi. Şimdi iş, içinizden mektuplaşmak isteyenlerin kura çekerek mektup arkadaşını bulmasına kaldı."

Çocuklar neşeyle el çırptılar. Bu, Yüksel Öğretmenin ilginç buluşlarından biriydi. Mesleğini gerçekten seven genç öğretmen, öğrencilerine dersleri zevkle çalıştırır, birçok konuyu oyunlaştırarak, onların eğlenirken öğrenmelerini sağlardı. Mektuplaşma fikri de böyle doğmuştu. Çeşitli illerdeki yaşıtlarıyla mektuplaşacak olan çocuklar, hem yeni dostlar edinecek, hem de coğrafya ve tarih bilgilerini bu yolla genişletebileceklerdi.

"Haydi bakalım, ilk kim gelecek?"

"Ben, öğretmenim, ben." İkizler aynı anda bağırıyorlardı.

"Pekâlâ, önce sen, Elvan."

Elvan heyecanla koşarak kürsünün önüne geldi, elini torbaya daldırdı.

"Yüksek sesle oku da hepimiz duyalım, Elvan."

"Ayşe Sözeri - Rize."

"Oooo..." Alkışlar, kahkahalar yükseldi.

"Eh, bu kadar olur doğrusu, Elvancığım. Sen Mersin'desin, tuttun ta Akdeniz'den Karadeniz'e el uzattın. Artık o sana çayları anlatır, sen de ona portakalları. Evet İrem, şimdi sen çek."

İrem acele etmeden kürsüye geldi. Zaten o, ikizlerin sakin olanıydı. Torbadan çıkan kâğıdı her zamanki sakin haliyle okudu.

"Ahmet Deniz - İzmir."

Yine bağrışmalar, alkışlar... Yüksel Öğretmen de gülüyordu.

"Siz, ikiniz de pek şanslısınız, bakın ne güzel kentler çıktı."

"Ama öğretmenim, kız olsaydı daha iyi olurdu. Şimdi ben ona ne yazacağım?"

"Ayıp ettin İrem, hani ayırım yapılmayacaktı? Onun ilgilendiği konular, seninkilerden değişik olursa, mektuplaşmanız daha bir ilginç olmaz mı? Hem sen Emre'yle, Can'la arkadaşlık etmiyor musun? Onlarla ne konuşuyorsan, Ahmet'e de aynı şeyleri yazarsın."

İrem sessizce yerine geçti. Öte yandan Emre yerinde duramıyor, yanakları al al, gözleri ışıl ışıl, "Öğretmenim, ne olur şimdi de ben çekeyim, n'olur öğretmenim!" diye yalvarıp duruyordu.

"Çocuklar, sırayı şu anda heyecanından bayılmak üzere olan arkadaşınız Emre'ye veriyorum."

Emre koşa koşa kürsüye gitti, az kaldı torbayı yere düşürecekti. Herkes onun sakarlığına güldü. Hoş, onun bu hallerine alışmışlardı, ama Emre o dimdik saçları, ışıl ışıl gözleriyle öylesine sevimli bir çocuktu ki, her görende gülme arzusu uyandırırdı. Emre bağıra bağıra, "Abdullah Özdoyuran - Konya!" dediğinde sınıf gürültüden yıkılacaktı neredeyse.

Emre, "Soyadına bakılırsa şişman bir çocuk olmalı," diyerek yerine oturdu.

"Şerife, şimdi sen çek bakayım."

Şerife ince, narin, dal gibi bir kızdı. Tüm sınıfın pek sevdiği bu çocuğu, Yüksel Öğretmen de bir başka severdi. Şerife yumuşak bir tavırla çektiği kâğıdı okudu.

"Nilgün Baran - İstanbul."

"Ooooo..."

"Vay Şerife vay."

"İstanbul, büyük kent."

Şerife ise olduğu yerde durmuş, arkadaşlarının bağırtılarını duymamışçasına öğretmenine gülümsüyordu. Yüksel Öğretmen ona sevgiyle baktı. "Kutlarım seni Şerifeciğim, dilerim bu mektup arkadaşlığından güzel bir dostluk doğsun."

"Sağ olun öğretmenim, dilediğiniz gerçekleşse ne güzel olur," dedi Şerife yavaşça ve sırasına döndü.

Son ders zili çalıp da çocuklar kulakları sağır eden bir gürültüyle sınıflardan, merdivenlerden aşağı koşuşmaya başladığında, Şerife kitaplarını topluyordu. Zil çalınca öbür arkadaşları gibi hemen fırlamaz, tersine ilk patırtının bitmesini, kitaplarını ağır ağır çantasına yerleştirerek beklerdi. Oysa, örneğin bir Emre ne zaman çantasını toplar, ne zaman o kalabalığı yarardı bilinmez, zil çaldığında kendini, değil sınıf kapısı, okul kapısında bulurdu. Ama bu arada, yakası bir yana kaymış, çantasının sapı kopmuş, umrunda değildi. Okul kapısının önünde bekleyen elmaşekercisiyle, kerebiççi* amcanın ilk müşterisi, böylelikle keyfinden ağzı kulaklarına varan Emre olurdu.

Şerife uzun sarı örgülerini arkasına atarak İrem'e, "Canım niye bunu bu kadar uzatıyorsun? Bir erkek çocukla mektuplaşmak da pekâlâ ilginç olabilir," diyordu. Elvan, İrem ve Şerife okuldan çıkmış, durağa doğru konuşa konuşa yürüyorlardı. Şerife yüzünde güneşin sıcaklığını duyunca daha bir mutlu oldu sanki. Şu küçük sokaklar ne sakin, ne güzeldi... Bahçe içindeki evlerin açık pencerelerinden gündelik yaşam gürültüleri geliyordu. Alçak bahçe duvarlarından bazen al bir Japon gülü, bazen de sarı bir yasemin dalı çocuklara doğru uzanırdı. Şerife yer yer yosun tutmuş duvarların yanından geçerken yumuşacık yeşil yosunlara dokunmadan edemezdi. Bir aşağıdaki sokaktan yürürken de güneş ışınları altındaki denizin pırıltısı gözlerini yakar, deniz kokusunu içine çeker ve dalgaların hışırtısını dinleyerek durağın yolunu tutardı.

"Öff, biliyorum çok sıkıcı olacak," diye söylendi İrem belki ellinci kez.

Elvan, "Canım ömrünün sonuna dek yazacak değilsin ya, bir yıl için idare ediver. Yıl bitince mektuplaşmak da sona erecek nasıl olsa. Öyle değil mi, Şerife?" dedi.

Şerife hafifçe gülümsedi. "İrem'i bilmem ama benim için umarım böyle olmaz. Mektup arkadaşımın adına ısınıverdim, içimden bir ses onunla çok iyi dost olacağımı söylüyor."

Sonra birden durdu ve şakaklarına kadar kızardı, çünkü Elvan'la İrem gülüyorlardı.

"İşte bizim sevgili düşçü Şerifemiz." Elvan bunları tatlılıkla söylüyordu. Hiç kimse Şerife'yi kırmak istemezdi; öylesine duygulu, öylesine iyilik doluydu küçük kız. "Sıradan bir mektuplaşma olayının bile büyük bir dostluğa dönüşeceği umudunda."

"Neden olmasın?" Şerife'nin yeşil gözlerinde bir öfke kıvılcımı yanıp söndü. "Öğretmenimiz de aynı şeyi söylemedi mi?"

"Canım, öğretmenimiz bu konuya ısınalım diye tabii öyle konuşacak, ama tanımadığın, senden bilmem kaç kilometre uzakta, yüzünü bile görmediğin ve hiçbir zaman göremeyeceğin biriyle mektuplaşarak büyük ve derin bir dostluk kurulduğu nerde görülmüş? İlk birkaç mektup ilginç olabilir; kendini tanıtması, özellikleri gibi, ama işte o kadar."

"O senin fikrin, ben öyle düşünmüyorum," diyerek Şerife sarı örgülerini biraz sertçe omuzlarına itti bu kez.

Durağa yaklaşmışlardı, otobüsün geldiğini görünce koşmaya başladılar. Elvan'la İrem kentte oturduklarından Şerife'den çok sonra iniyorlardı. Şerife ise yarı yolda iner, oradan da bir minibüsle köye giderdi. Köyü aslında uzak değildi, on dakika çekiyordu. Durağa gelince arkadaşlarıyla vedalaşarak otobüsten indi ve köye giden minibüsü beklemeye koyuldu.

Minibüste giderken düşünüyordu. Elvan'la İrem ne derlerse desinler, bu mektuplaşma olayı onun için önemliydi. Bir kez, doğduğu yer olan Menteş Köyü ile Mersin kentinden başka bir yer görmemişti. Oysa İstanbullu bir kızla mektuplaşmak onun için dışarıya bir pencerenin açılışı gibi bir şey olacaktı. İstanbul'u çok merak ediyordu. Büyük kent yaşamı nasıl bir şeydi? Oradaki okullar, arkadaşlıklar nasıldı? Bunları hep sormak, öğrenmek isterdi. Evet, hiç tanımadığı ve belki de hiçbir zaman tanışamayacağı, yüzünü göremeyeceği bir kız çocuğuyla dostluk kurmak güç olabilirdi, ama olanaksız da değildi. Hem kim bilir belki bir gün tanışırlardı. Bu nasıl olurdu bilmiyordu, ama bir bakarsın oluverirdi.

Gerçekten de Şerife'nin sakin yaşamında önemli bir olaydı bu. İkizler ise kentte yaşıyorlar, yazları tatil yapmak için Bodrum'a ya da İstanbul'daki teyzelerinin yanına gidiyorlardı. Elvan'la İrem için İstanbullu bir kız çocuğuyla mektuplaşmak o denli önemli olamazdı. Şerife öylesine düşüncelere dalmıştı ki, az kaldı dörtyol ağzını geçecekti.

Şerife'nin köyü Menteş, Mersin'e tepeden bakan, şirin, yemyeşil bir köydü. Sağ tarafı sıra sıra bağlardan, sol tarafı ve Toroslar'a bakan arka bölümü, portakal ve limon bahçelerinden oluşuyordu. Köyün tam karşısına gelen bölüm, denize ve Mersin kentine bakıyordu. Kent buradan beyaz yapıları ve palmiye ağaçlarıyla insana huzur veren bir görünüm sergiliyordu. Aynı manzara geceleri kentin, limanın, limandaki gemilerin ışıklarıyla neşeli bir güzelliğe bürünürdü. Yılbaşı ve bayram gecelerinde donanmanın savaş gemilerinden havai fişekler atılır, gemiler renk renk ampullerle bezenirdi. Böyle günleri köy çocukları hiç kaçırmazlar, gece yarılarına kadar donanmayı seyrederlerdi.

'Menteş' yazılı tabelanın önünden evine giden toprak yola sapan Şerife çantasını öbür eline aldı. Geniş portakal bahçelerine çit görevini yapan dikenli mimozaların sarı sarı ponponları rüzgârda sallanırken hafif ve tatlı bir koku saçıyorlardı.

Şerife'nin yolunu gözleyen çoban köpeği havlayarak onu karşıladı. Şerife çantasını yere bırakıp köpeğin boynuna sarıldı. "Zeynom benim, nasılsın, neler yaptın, anlat bakalım." O, köpeği okşadıkça, köpek de dili dışarda keyifli keyifli soluyordu. Sonra bahçenin içinden eve doğru birlikte yürüdüler. Avluda Şerife'nin kedisi Gümüş, güneşe yatmış, yuvarlanıp duruyordu. Şerife bir sevinç çığlığı atarak bu kez ona doğru koştu. "Aman sevsinler onu, ne de güzel yuvarlanıyor, şuna bakın bir kere." Küçük kız kedisiyle bir süre oynadı, hayvanı sevdi, okşadı. Bahçenin ileri bir köşesinde tavuklar gıdaklaşıyor, evin damındaki dolaptan güvercinlerin sesi geliyordu. Avlu çiçek saksılarıyla dopdoluydu. Neler yoktu neler... Küpe çiçekleri, fesleğenler, sarı ve beyaz yaseminler sadece avluyu değil, evin tahta merdivenleriyle balkonunu da süslüyordu. Şerife'nin ablası çiçek meraklısıydı, hepsini o diker, yetiştirirdi. Şerife vereceği önemli haberi anımsayınca kedisini de kucağına alıp merdivenleri bir çırpıda çıktı. "Anne, anne."

Annesi elini havluya kurulayarak dışarı çıktı. "Hayrola kızım, ne var?"

"Anneciğim, çok önemli bir haberim var. İstanbullu bir kızla mektuplaşacağım."

"Ya, iyi, iyi. Sen önce elini yüzünü bir yıka da öyle anlat."

Şerife içeri girmeden ayakkabılarını çıkardı, sonra oracıkta duran terliklerini giydi, ama elini filan yıkamaya sabrı yoktu.

"Anneciğim düşün, yeni bir mektup arkadaşım olacak. Öğretmenimiz hepimize bir mektup arkadaşı bulmuş. Bugün kura çektik, bana İstanbul'dan Nilgün adında bir kız çıktı. Onunla yıl boyu mektuplaşacağız. Ne güzel, değil mi?"

Annesi pek de etkilenmişe benzemiyordu, ama yine de kızının heyecanlı haline gülümsemekten kendini alamadı. "Güzeldir herhal. Ders için mi mektuplaşacaksınız?"

Şerife hızlı hızlı anlatıyordu. "Ders için, ama arkadaşlık da edeceğiz. Birbirimize yaşadığımız kentleri tanıtacağız, sorular soracağız... Kim bilir belki de onunla çok iyi dost oluruz." Şerife annesine dikkatle bakıyordu, acaba o ne diyecekti, o da arkadaşları gibi bunu olanaksız mı görecekti?

"Neden olmasın? Sen güzel güzel yazarsan, o da güzel güzel yazarsa, iyi arkadaş olursunuz."

Şerife'nin gözleri sevinçle parladı. "İyi arkadaş olacağımıza eminim," diye kendi kendine mırıldandı.

"Haydi orada dinelip durma, içeri geç de elini yüzünü temizle, biz ablanla ekmek atıyoruz, teyzengil de burada."

Annesi haftanın belirli bir gününde haftalık ekmeği yapar, teyzeleri veya diğer akrabalar da yardıma gelirlerdi. Köy ekmekleri oklavayla incecik yuvarlak açılır, sac üstünde pişirildikten sonra üst üste yığılırdı. Şerife ince ekmeğin üzerine azıcık su serpip sonra da katlayıp yemeye bayılırdı. Hele tazesine...

"Ay, demek bugün ekmek günü."

"Hiç heveslenme küçükhanım, elini yıkamadan bir tane bilem alamazsın."

Şerife muslukta elini yüzünü yıkadıktan sonra eşikten atlayarak odasına girdi. Evin öteki bölümleri gibi Şerife'nin odasının duvarları ve tahta kapısı da açık yeşildi. Babaları Hac'dan döner dönmez evi güzel bir yeşile boyatmıştı. Her gelen, evin büyüğünün hacı olduğunu bu açık yeşil duvarlar ve kapılardan anlardı. Odada üç kız kardeş bir arada yatıyordu. En baştaki karyola en büyük abla Nazife'nin, onun yanındaki Hatice'nin, duvar dibindeki ise Şerife'nindi.

Pencerenin önünde kıpırdayan asma yapraklarının gölgesi yerdeki pembeli beyazlı savanın* üzerine vurmuştu. Şerife kendini bildi bileli bu yaşlı asma evin ön duvarını sardıktan sonra damdaki talvara** tırmanır, tüm talvarın üstünü örterek nefis bir gölgelik oluştururdu. Geniş yaprakları pencereleri süsler, üzüm zamanıysa iri iri salkımlar 'ye beni' dercesine dallarda sallanırdı.

Şerife okul önlüğünü çıkarıp astıktan sonra uzun, basma ev eteğini giydi. Kış günlerinde sürekli odun yakılan ocağın üstündeki ufak aynanın karşısında saçlarını çözdü, yeniden tarayıp ördü. Küçük kız sarıya bakan açık kumral saçları, yeşil gözleriyle Anadolu köylüsünün genellikle esmer olduğu yargısının ne denli yanlış olduğunun canlı bir kanıtıydı adeta. Ona köyde yeşil gözlerinden ötürü 'çakır' derlerdi. Yaz aylarında güneş altında dolaşıp durduğundan saçlarının rengi iyice açılır, burnunun üstündeki çiller daha bir belirginleşirdi. O zaman da 'çilli' diye takılırlardı. Tüm ailesi açık renkti.

Küçük kız saçını taradıktan sonra tarağını özenle yerine koydu, öylece bırakıverse ablaları kızarlardı. Ocağın üstündeki rafa kar gibi beyaz patiska bir örtü serilmişti. Ayna, taraklar, bir şişe kolonya, fanuslu gaz lambası, bir kutu kibrit ve tik tak çalışan büyük saat düzgün bir biçimde yerleştirilmişti. Örtünün uçlarındaki tığ işi danteller, karyola örtülerinin kenarındakilerle bir örnekti, bunları ablası Nazife işlemişti.

Şerife yüklüğün altındaki dolabı açtı, kitaplarını yerleştirdi, o gün çalışması gerekenleri de çıkardı. Bir duvarı kaplayan tahta kapılı yüklükte neler yoktu neler... Yataklar, yorganlar, çarşaflar, yastıklar düzenli bir biçimde üst üste konmuştu. Şerife yüklüğü her açışında o temiz çarşafların, yatakların sabun ve defne kokusunu içine çekmeden edemezdi. Annesi çamaşırın son suyuna mutlaka defne yaprakları atar, tüm çamaşırlar mis gibi sabunla defne kokardı.

Yüklüğün altı ve üstü, kapakları oymalı dolaplardan oluşur, üsttekinde bulgur, nohut gibi erzak, alttakinde de kızların çeşitli eşyaları, bohçaları, kitapları dururdu. Yüklüğün hemen yanında yine başka bir dolapta da el yüz yıkamak için leğenle ibrik vardı. Yüklüğün kapaklarındaki baklava biçiminde oymalar, süsten çok, orada saklanan erzak ve çamaşırların hava alması içindi.

Yüklükteki yataklar artık konuklar için kullanılıyordu, oysa eskiden her sabah yataklarını dürüp yüklüğe kaldırır, gece de serer, yerde yatarlardı. Yer yatağının keyfine doyum olmazdı; boğuşurlar, birbirlerine yastık fırlatırlardı. Son yıllarda babaları onlara karyolalar almış, yüklükteki yataklar da yatıya kalan konuklar için kullanılır olmuştu.

Şerife bir an önce Nilgün'e mektup yazmak istiyordu. İçeri koştu, annesiyle teyzesinin bağrış çığrışları arasında bir tane yeni açılmış taze köy ekmeğinden aşırdı ve odasına geri geldi. Yer minderinin üzerine oturdu; bir yandan ekmeğini yiyor, bir yandan da minderin üzerine serilmiş savanın uçlarıyla dalgın dalgın oynayarak neler yazacağını düşünüyordu. Sonra kalkıp bir kâğıt kalem aldı ve pencerenin içine yerleşti. Evin duvarları çoğu köy evinde olduğu gibi altmış santim kalınlığındaydı, bu nedenle Şerife pencere içine rahatça sığabiliyordu. Odasının en sevdiği köşesi burasıydı; pencereden baktı mı, tüm Mersin kenti ayaklar altındaydı. Bir süre saatin tekdüze tik taklarını dinledi, sonra yazmaya koyuldu.

20 Eylül

Sevgili Kardeşim Nilgün,

Bu mektuba nasıl başlayacağımı uzun süre düşündüm, sonunda kendimi sana tanıtmakla işe girişmenin en doğrusu olacağına karar verdim.

Adım Şerife, yaşım on iki, beşinci sınıf öğrencisiyim. Biz kalabalık bir aileyiz. Beş kardeşim, bir sürü amcalarım, yengelerim, kuzin ve kuzenlerim var. Babam çiftçidir. Narenciye bahçelerine bakar, annem de bizlere bakar. Nazife ve Hatice adlarında iki ablam, Ahmet adında bir ağabeyim, Abdullah adında da bir küçük kardeşim var. Ben, ailenin dördüncü çocuğuyum.

Mersin'e on dakika uzaklıkta Menteş Köyü'nde oturuyoruz. Evimiz portakal bahçesi içinde iki katlı, dede yadigârı eski bir yapı. Evimizin pencereleri ve tahta balkonumuz sardunya, karanfil, yasemin ve fesleğenlerle bezelidir. Çiçeklere Hatice Ablam bakar. Okuldan gelince önlüğünü bile çıkarmadan doğru çiçeklere koşar, onları sular, kuru yapraklarını ayıklar, neredeyse konuşur onlarla. O ne dikse mutlaka tutar. Evimiz portakal bahçesi içinde demiştim ya, başka meyve ağaçlarımız da var. İncir, dut, limon, mandalina, nar, Trabzon hurması vb. Bunların hepsi dedemin babası ve dedem zamanında dikilmiş; onun için hepsi koca koca ağaçlardır, gölgelerinde oturup düş kurmaya bayılırım. Sözün kısası, her mevsim bahçemizde yenecek meyve bulunur, çarşıdan meyve almayız.

Hayvanlarımıza gelince, (onlara hayvan demek tuhafıma gidiyor, aslında can yoldaşlarımız onlar) benim Gümüş adlı bir kedim var. Görsen, pofur pofur bir kedi, pek de temizdir, güneşte yatıp yalanmaya bayılır, kış geceleri de kucağımda mırıl mırıl uyur. Zeyno adında da bir çoban köpeğimiz var, buralarda kuş uçurmaz. Sivas çobanı. Ona Ahmet Ağabeyim bakar. Ağabeyimin ayrıca bir dolap dolusu cins güvercini var. Onları her gün uçurur, gökyüzünde kaybolana dek yükselirler, sonra ağabeyim bir başka güvercini alıp hafifçe sallar, kuş kanatlarını çırpınca, gözden kaybolmuş olan o güvercinler müthiş bir hızla pike yaparak yere inerler. Yere iniş yaparlarken, arkalarında jetler gibi beyaz bir duman bırakırlar. Onların daireler çizerek yükselişlerini seyretmeye bayılırım. Ağabeyimin ayrıca horozları da var, onları dövüştürür. Bunu babam pek sevmiyorsa da, sesini çıkarmaz. Tabii tavuklarımız da var. Abdullah onların yumurtalarını bizden önce aşırıp içmeye bayılır, bu yüzden de annemden epeyce dayak yer. Zaten ne zaman bir muziplik olsa içinde mutlak Abdullah'ın parmağı vardır.

Okuluma gelince, okulum Mersin'in içinde, ama yine de köyümüze yakın sayılır, onun için gidip gelmesi pek zor değil. Yüksel Öğretmenimi çok severim, o da bizleri sever. Sınıf arkadaşlarımı da sana tanıtmak isterdim, ama bu seferlik kalsın. Kim bilir belki seni sıktım bile.

Şimdi sıra sende. Kendini tanıtan mektubunu bekler, gözlerinden öperim.

Sevgiler
Şerife

Nişantaşı'ndan Şişli'ye uzanan hareketli caddede okul önlüklü küçük bir kız çocuğu bir zıplayarak, bir yavaşlayarak yürüyordu. Kitapçı ve oyuncakçıların önünde duralıyor, elindeki kalem şekeri emerek vitrindekileri uzun uzun inceliyor, sonra iki adımda bir zıplayarak yoluna devam ediyordu. Her halinden haşarı ve zeki bir kız çocuğu olduğu belliydi. Koyu kumral saçları kısa kesilmişti, kulaklarını ancak örtüyordu; ela gözlerinde ise neşe ve muziplik pırıltıları yanıp sönüyordu. Pantolonunun paçaları çamur içindeydi, okul çantasını da tehlikeli biçimde bir ileri bir geri sallıyordu.

Şişli'nin, cephesi ufacık balkonlar ve taş oymalarla süslü eski apartmanlarından birinin önünde durdu. Bu yaşlı binalar, yeni ve modern yapıların yanında daha bir zarif, daha bir güzel görünmekteydi.

Kapıcı Musta Efendi iskemleyi kapının önüne atmış, geleni geçeni seyrediyordu. Küçük kızı görünce, elindeki yeşil plastik tespihini şıkırdatarak, "Hoş gelmişsin Nilgün Hanım. Okul nasıldı?" diye sordu.

"Bomba gibi, Musta Efendi."

"Oh maşallah, maşallah. Sana bir mektup var, Nilgün Hanım."

"Yaa, bana mektup filan gelmezdi, yanlışlık olmasın?"

"Yok, yok, sana. Zarfın üstünü iyice okudum, hem de Mersin'den."

"Bilirim Musta Efendi, senin ne meraklı, ne bilgili olduğunu bilirim."

Nilgün'ün bu sözleri üzerine karşılıklı gülüştüler. Gerçekten de Musta Efendi tipik açıkgözlerdendi, merak etmediği ve bunun doğal sonucu olarak da bilmediği yoktu. Beş numara neden bakkal değiştirmiş? Üç numaranın oğlu gece kaçta eve dönüyormuş? Dört numara iki numarayla neden kavgalıymış? Kapıcının bu merakı küçük kızın gözünden kaçmıyor, onu çok eğlendiriyordu. Musta Efendi de küçük kızın durumu bildiğini biliyor, böylelikle aralarında sessiz bir anlaşma oluşuyordu.

"Mektubu kaloriferin üstüne koydum, Nilgün Hanım."

"Aman sen zahmet etme, ben alırım."

Yine gülüştüler. Musta Efendi azıcık rahatına da düşkündü, mektupları dağıtacağına asansörün yanındaki kaloriferin üzerine bırakıverirdi. Yönetici onu eğiteceğine, Musta Efendi tüm apartman halkını eğitmiş, sonunda herkes mektubu kaloriferin üzerinde aramaya alışmıştı. Nilgün kalem şekerini ağzına sokup zarfı eline aldı, evirdi çevirdi, mektup gerçekten de Mersin'den geliyordu.

Merdivenleri koşarak çıkan Nilgün fırtına gibi eve girdi. Kapıyı açan Gülbahar'a, "Selam, Gülbahar Kalfa," dedikten sonra çantasını bir yere fırlattı, mektubu elinde sallayarak, "Bak, bana mektup var!" diye haykırdı. Çamurlu ayakkabılarıyla tam içeri giriyordu ki, Gülbahar yolunu kesti. "Yine öyle tuhaf tuhaf konuşmayı bırak da önce çamurlu ayakkabılarını çıkar. Halıları yeni sildim, her yanım ağrıyor. Duydun mu, küçükhanım?"

"Duydum, duydum. Hemen çıkarıyorum, emriniz başım üstüne, Gülbahar Kalfacığım."

"Bana bak, doğru dürüst konuş, yoksa annen gelince seni bir güzel şikâyet ederim."

"Ama Gülbahar Teyzeciğim, Osmanlılar hakkında çalışmalar yapıyoruz bugünlerde. Sürekli onlar hakkında okuyor, yaşamlarını inceliyoruz, ben de öğrendiklerimi uygulamak istiyorum. Örneğin, bu ev bir Topkapı Sarayı olsaydı, sen bir Gülbahar Kalfa olurdun, ben de..."

"Sen susacak mısın yaramaz? Geçen gün Gülbahar Sultan, dün Gülbahar Hatun, bugün de Gülbahar Kalfa... Doğru dürüst konuşsana."

Gülbahar, Nilgün'ün annesinin emektarıydı, aile içinde herkes onu yakın bir akraba gibi görürdü. Önce Nilgün, arkadan da Defne doğunca anneanneleri Gülbahar'ın kızına yardımcı olmasını istemişti. Nilgün'ün annesi çalıştığından, eve ve çocuklara bakacak candan biri gerekti. Gülbahar bu iş için biçilmiş kaftandı. Sabahları erken gelir, evi temizler, yemekleri yapar, bu arada da Nilgün'ün küçük kardeşi Defne'ye göz kulak olurdu. Çocukların annesi işten dönünce, o da kendi evine dönerdi.

Nilgün çamurlu pabuçlarını bir çırpıda çıkarıp çoraplarıyla odasına koştu. Mektubu merak ediyordu. Çabucak zarfı yırttı, okumaya koyuldu. Evin içinde kısa bir sessizlik olmuştu. Sonra bir çığlık attı. "Hay Allah, bakın bana kimden mektup gelmiş. Gülbahar Teyze, Gülbahar Teyzeciğim bak, ta Mersin'den bir kız çocuğu oturup bana mektup yazmış."

Tabii onun bu çığlığı öğlen uykusuna yatmış olan Defne'yi uyandırdı. Üstelik Defnecik korkmuş, ağlıyordu. Gülbahar bu kez gerçekten kızmıştı. İki yana yalpalayarak Defne'nin odasına koştu. "Sus yavrum sus. Korkma, o canavar ablan geldi sadece. Hay ben sana ne diyeyim, Nilgün."

Defne'nin yanakları uykudan pembe pembeydi, koyu kumral saçları bukleler halinde omuzlarına dökülüyor, mavi pijaması içinde mahmur mahmur bakınıyordu. Gülbahar onu kucağına aldığında, artık susmuştu; ama bir yandan başparmağını emiyor, bir yandan da kesik kesik içini çekiyordu. Yanağında tek bir damla gözyaşı parlıyordu. Nilgün de Defne'nin odasına koşmuştu. "Ağlama tatlı çocuk, ben geldim. Bak, bana ne gelmiş. Mersin'den bir mektup."

"Hâlâ önlüğünü çıkarmamışsın, çantanı odana götürmemişsin, ayağına terliğini giymemişsin. Sana çay koydumdu, o da çoktan soğumuştur, bütün bunlar yetmez gibi evin içinde karşı dağdaymışız gibi bağırıyorsun. Bak, kardeşini nasıl korkuttun. Hepsini annene söyleyeceğim ve bugünden tezi yok bir daha size gelmeyeceğim. Aaaa, nedir bu çektiğim..."

Gülbahar'ın 'Bir daha gelmeyeceğim' sözü üzerine Defne yeniden avaz avaz ağlamaya, Nilgün de Gülbahar'ın tüm öfkesine aldırış etmeden boynuna sarılıp onu öpmeye başladı; bir yandan da Gülbahar'ın yakınmalarını "Du-du-du-du-du," diyerek duymamaya çalışıyordu. Kadıncağız iki çocuğun arasında şaşkına dönmüştü. Önce Defne'yi yatıştırdı. "Ağlama yavrum, ben hiç seni bırakır gider miyim, kurban olsunlar sana. Ablan yaramazlık ediyor, ben de ona kızdım da onun için öyle deyiverdim, yoksa ben hiç sizi bırakır mıyım, yavrum benim."

"Yaşşa, Gülbahar Kalfa! Sen dünyanın en tatlı kadınısın."

"Haydi oradan yaramaz," diyordu Gülbahar, ama sesi pek de inandırıcı değildi. İki çocuğun değişik biçimlerde de olsa kendisine gösterdikleri sevgi onu yumuşatmıştı.

Kilitte dönen anahtar sesi hepsinin dikkatini kapıya çekti. Gelen, çocukların annesi Belgin Hanımdı. "Ne var ne yok ev halkı?" diyerek içeri girdi. Saçlarını atkuyruğu yapmıştı, üzerinde spor bir etek, bir kazak vardı, omzunda içinden kâğıtlar fışkıran kocaman bir çanta asılıydı. Güler yüzlü, güzel bir kadındı çocukların annesi. Hızlı ve enerjik adımlarla Defne'nin odasına girdi. "Ne o Defnoş, yine yanağının üzerinde bir pırlanta taneciği duruyor, uykudan uyanırken ağlamaktan vazgeçmedin gitti. Gel bakayım bana tontonum," diyerek Defne'yi Gülbahar'ın kucağından aldı. Defne sıcacıktı ve hâlâ uyku kokuyordu. "Nilgüncüğüm, senin de okuldan döndüğünü anlamak için kâhin olmaya gerek yok, tam kapının önünde çamurlu bir tek pabuç, daha sonra yemek masasının üzerinde bir koca çanta ve içerilerden gelen şamata." Bunları söylerken gözleri sevgi doluydu. Nilgün'ün saçlarını eliyle şöyle bir karıştırdı.

"Gülbaharcığım, seni yordular mı, üzdüler mi? Doğru söyle."

Çocuklar gözlerini Gülbahar'a dikmişler, soluk almadan yanıtı bekliyorlardı. Gülbahar onlara şöyle bir baktıktan sonra, "Yook, yok. Onlar beni ne yorarlar, ne de üzerler," dedi. Nilgün derin bir soluk aldı. Gülbahar ise belli etmeden, Belgin Hanımın arkasına geçerek, 'Bu son' dercesine başını salladı. Oysa Nilgünlerin evindeki bu sahne her gün yinelenirdi.

Şimdi oturma odasına geçmişlerdi. Gülbahar çayları getirmişti; Defne annesinin kucağında ailenin deyimiyle 'mayalanıyor', Nilgün hararetli hararetli gününü anlatıyordu.

"Anneciğim, bana Mersin'den mektup var. Haberi gümrükçü Musta Efendi verdi."

"Gümrükçü mü?"

"Canım her gelen mektubu kontrol ettiği için ben ona gümrükçü diyorum." Annesi gülümseyerek başını salladı. "Bir de açtım okudum ki, geçenlerde okulda sözü edilen mektup arkadaşlığıyla ilgili. Mersinli bir kız, adı Şerife, kurada beni çekmiş. Mektubu da çok şeker. Şimdi yıl boyu onunla mektuplaşacağız. Ne matrak, değil mi?"

"Nilgün, lütfen sözcüklerini seçerken daha dikkatli ol."

"Bağışla anneciğim; ne ilginç, değil mi?"

"Evet, kim düşünmüşse iyi düşünmüş. Mektup yazma alışkanlığını edineceksiniz bir kez, sonra birbirinizi hiç tanımadığınız için bilmece çözmek gibi bir şey olacak bu."

"Anneciğim, Şerife'nin mektubunu okuyabilir miyim, siz de beğeneceksiniz."

"Şimdi değil, Nilgün, ama daha sonra okursan memnuniyetle dinlerim."

Gülbahar da oturduğu yerden hem çayını içiyor, hem de Nilgün'ü dinliyordu. "Belgin Hanım, ben Defne'yi giydirip gideyim artık."

"Sağ ol Gülbaharcığım, ama sen gecikme, nöbeti ben devraldığıma göre, Defne'yi ben giydiririm. Nilgün, sen de eşyalarını topla bakayım."

Gülbahar evine, annesi de Defne'yi giydirmeye gidince, Nilgün sağa sola saçtığı eşyalarını toplayarak odasına yollandı. Önlüğünü çıkarıp yatağının üzerine fırlattı, sonra annesinin görebileceğini düşünerek alıp iskemlenin üstüne koydu. Ama önlük yine de bir yumak halindeydi. Terliklerini giydi, çantasından kitaplarını çıkarıp masasının üzerine yerleştirdi, en üste de Şerife'den gelen mektubu koydu.

Küçük, ama şirin bir odası vardı Nilgün'ün. Beyaz ponponlu yatak örtüsü, beyaz tül perdeler, yerdeki küçük çiçekli halı, dopdolu kitaplığı ve çalışma masasından oluşan eşyaları özenle ve ince bir zevkle yerleştirilmişti. Oraya buraya ve yatağının üstüne serpiştirilmiş oyuncak hayvanlar ve bebekler odayı renklendiriyordu. Evlerinin tümü küçüktü zaten, salonu, koridoru, mutfağı, banyosu. Her gören bu minik eve bayılırdı, öylesine güzel ve ustalıkla döşenmişti. Pahalı eşyalar yoktu, hep ince buluşlar vardı evlerinde. Antika bir seccade, bir kâğıt abajur, bitpazarından alınmış sallanan koltuk, eski bir şamdan... İşte annesi böylesi bir beceri sahibiydi, nelerden neler yaratırdı.

Nilgün mektubu bir daha okudu. Bir süre kalemini çiğneyerek düşündükten sonra Mersinli kıza cevap yazmak üzere bir kâğıt çıkardı.

26 Eylül

Selam Şerifecik,

Beni seçtiğin için ne denli mutluyum bilemezsin. Mektubunu okurken değil sıkılmak, "hiç bitmese" dedim durdum. Ne kadar ilginç bir yaşamın var. Ayrıca Mersin'i görmediğim için sana sorulacak desteyle sorum olacak. Mersin denince ilk aklıma gelen "Herkes gider Mersin'e, sen gidersin tersine" sözü oluyor. Ne cahillik, değil mi?

Gelelim bana. Adımı biliyorsun, yaşım on bir, ben de beşinci sınıftayım. Öğretmenimiz Sabahat Hanımı ben de senin öğretmenini sevdiğin gibi seviyorum. Bu büyük bir şans, çünkü öğretmenlerini hiç sevmeyen arkadaşlarım var da, bu yüzden okula zorla gidip geliyorlar. Bir iki ukalanın dışında arkadaşlarımı da seviyorum. Babam üniversitede öğretim görevlisi, annem de bir gazetede çalışıyor. Benim bir tek kardeşim var, adı Defne. Daha okula gitmiyor, bu yıl belki yuvaya gidecek. Azıcık nazenindir, ama tatlı kızdır. Bizim aile ne yazık ki seninki gibi kalabalık değil.

Oturduğumuz yere gelince, Şişli'de bir apartman katında oturuyoruz. Onun için senin çiçeklerin, ağaçların ve hayvanlarına karşılık, penceremden bakınca benim karşımda gürültüyle geçen otobüsler, otomobiller, yanıp sönen kent ışıkları ve insan kalabalığı var. Okulum Nişantaşı'nda, yürüyerek gidip geliyorum. Yolda öyle şeyler oluyor ki, her gidiş geliş bir macera adeta. Örneğin geçen gün, bir baktım, yaşlı bir kadıncağız yolun ortasında kalmış, bir türlü caddeyi geçemiyor. Hızla geçen otomobillere bir kızdım, bir kızdım. Hemen yaşlı kadının yanına gidip, "Teyzeciğim size yardım edebilir miyim?" dedim. Zavallıcık, "Hızlı yürüyemiyorum yavrum, hiç kimse de durmuyor, korkuyorum," deyince, "Haydi birlikte geçelim," diye önerdim. Önce bana pek güvenemeyerek baktı, sonra çaresizlik içinde, "Peki yavrum, teşekkür ederim," diyerek elimi tuttu. Ben öbür elimi kaldırarak 'dur' işareti yaptım ve böylece ona caddeyi geçirttim. Kaldırıma çıkınca ihtiyarcık derin bir soluk aldı ve, "Çok teşekkür ederim yavrucuğum. Allah senden razı olsun, şu durmamacasına geçen büyüklerinden daha düşünceliymişsin," dedi. "Bir şey değil teyzeciğim," dedim, vedalaşıp ayrıldık. İnan, o gün boyu kendimle gururlandım, iyi bir şey yapmış olmak tatlı bir duygu. Bunu yazmasam belki daha doğru olurdu, hani övünüyor gibi oluyorum, ama madem seninle dost olacağız, açık kalpli dostlar olup her şeyi birbirimize anlatmalıyız, diye düşünüyorum. Sen ne dersin? Olayları, duygularımızı, sevinç ve üzüntülerimizi tüm açıklığıyla paylaşıp tartışalım.

İşte Şerifecik, ben de kendimi sana tanıttım. Mektubunu dört gözle bekliyorum.

Sevgiler
Nilgün

Not: Ha, unutmadan, bana lütfen ağabeyinin güvercinlerinden söz eder misin? Benim bildiklerim gri renkte, her yere pisleyen cinsten. Bazen bizim balkonu da pislerler de, annem kızar söylenir.

10 Ekim

Sevgili Nilgüncüğüm,

Sana cevap yazmakta geciktiğim için beni bağışla, ama bugünlerde ödevlerimiz çoktu, hep ders çalıştım. Hafta sonu da yaylaya çıktık, amcamlarda kaldık, çünkü buralarda havalar hâlâ sıcak. Zaten yaylada da yapılacak işler vardı. Bizim köyde, aşağı yukarı herkesin yaylada ufak da olsa bir evi, bir bahçesi vardır. Orada da boş durmaz, daha serin iklime göre meyve, sebze yetiştiririz. Yayladaki evimizin çiçekleri bile değişiktir. Övünmek gibi olmasın ama köyümüzün insanları pek çalışkandır, zengini yoksulu sabahtan akşama dek bağda bahçede çalışır. Çocuklara bile yapabilecekleri görevler verilir. Ama gezmesini, eğlenmesini de severiz. Tatillerde arabalarla civar illere, Antalya'ya, Gaziantep'e, İskenderun'a salt gezmek için gider geliriz. Bizde okuyana saygı gösterilir, herkes çocuğunu okutmak ister. Köy okullarını bitirenler, Mersin'e lise öğrenimi için gönderilirler. Daha sonra Ankara, İstanbul gibi büyük kentlere, üniversiteye gider gençler. Yabancı ülkelerde okuyanlarımız bile var. Anlayacağın bizim köy halkı hem çalışmayı, hem okuyup bilgili olmayı, hem de eğlenmeyi sever. Tabii herkes kendi bütçesine göre. Bak nereden nereye geldim, ama birbirimize anlatacak öyle çok şeyimiz var ki... Neyse, ben yaylada bir sürü ot ve renkli diken topladım, Hatice Ablam onları vazolara yerleştirdi. Yayla suları iyiden buz olmuş, ayaklarımızı sokmamızla çıkarmamız bir oldu. Ağabeyim Ahmet ise demircik ağacının incecik dallarından saç örgüsü biçiminde çok güzel bir değnek yaptı.

Hafta sonunun olayı yine Abdullah'ın bir yaramazlığıydı. Pazar sabahı daha yeni kalkmıştık ki, kapı gümbür gümbür vurulmaya başladı. Hemen ben aşağıya koştum, gelen komşumuz Sabriye Hanımdı. Onu hiç böyle kızgın görmemiştim, oysa her zaman pek tatlı, güler yüzlü bir kadındır. "Çabuk anneni çağır bana," dedi. Gittim, anneme haber verdim, Sabriye Teyzenin çok kızgın olduğunu eklemeyi de unutmadım tabii. Annem, "Hayırdır inşallah," diyerek aşağıya indi. Sabriye Teyze, "Nazike, Nazike, şu senin oğlana sahip olun, kilimlerimi mahvetti. Ben yaramaz çocuk gördüm ama sizinki gibisini görmedim. Bu kadarı da fazla artık," diyerek zavallı annemi bombardımana tuttu adeta. Annem şaşkın, "Ne oldu, Sabriye? Kim ne yaptı?" deyince Sabriye Teyze büsbütün küplere bindi. "Tabii haberiniz bile yok. Ben o canım kilimleri yıkamış, kurusunlar diye çimenlerin üstüne sermiştim. İki ev ötede de boya badana yapılıyordu. Senin Abdullah, sabah ezanında kalkmış, gidip o boyaları ve fırçayı almış, gelip benim kilimlerin üzerine şekiller çizmiş, utanmadan da kocaman harflerle ABDULLAH yazmış. Bu kadarı da fazla artık doğrusu." Sabriye Teyzenin hırsından soluğu kesilmişti. Annem ne söyleyeceğini bilmez haldeydi. "Sabriye, çok üzüldüm, ben onun hakkından gelirim, sen merak etme. Gel hele, içeri gir de bir soluklan, dinlen. Kilimlerinin çaresine bakarız. Haydi, gel bir kahvemi iç," diye onu sakinleştirmeye çabalıyordu, ama boşuna. Sabriye Teyze aynı hışımla çıktı gitti. Babam da sesleri duymuş, aşağı inerek olup biteni öğrenmişti. Kapı kapanır kapanmaz, gök gürültüsü gibi bir sesle, "Abdullah!" diye bir bağırış bağırdı, benim bile ödüm koptu, Nilgüncüğüm. Abdullah şimdi hapı yuttu işte, Ahmet Ağabeyin yeni yaptığı değnekle bir güzel dayak yiyecek, diye düşündüm. Fakat Abdullah da yaptığını anlamış olacak ki, kaçıp bir yerlere saklanmıştı. Babam hepimize onu bulup getirmemizi buyurdu. Çok kızgındı. Hepimiz çevreye dağılıp aramaya koyulduk, ama Abdullah ortalarda yoktu. Evde, bağda, bahçede aramadığımız yer kalmadı. Yok, yok, yok. Öğlen oldu Abdullah yok, akşam oldu, hava kararmaya başladı, eve döneceğiz, Abdullah hâlâ yok. Bu kez herkes Abdullah'ı merak etmeye başladı, annem pek endişeliydi. "Nerelerde bu çocuk?" diye ovunup duruyordu; babam da hâlâ kızgın olmasına karşın düşünceliydi. Sonunda, amcamın oğlu onu incir ağacının tepesinde buldu. Zavallıcık korkusundan ağlıyordu; bütün gün ağaçta tünemekten de her yeri tutulmuştu. Annem araya girerek, "Efendi, çektiği korku ona yeter, dövme," deyince babam bir an düşündükten sonra, "Pekâlâ, getirin bakalım şunu," dedi. Abdullah çağrıldı, çekine çekine içeri girdi. Babam yine gürledi. "Nedir bu yaptığın, utanmıyor musun? Konuya komşuya rezil ettin beni. Yaptın bir iş, kaçıp saklanacağına bari suçunu erkekçe yüklen." Babamın ilk hırsı geçmişti, sesini daha bir yumuşatarak devam etti.

"Komşu hatrı en önem vermemiz gereken konulardandır, oğul. Komşuyu saymak, komşuya zarar vermemek bize atalarımızdan kalma bir gelenektir. Sen ise beni çok mahcup ettin, çoook."

Abdullah burnunu çeke çeke ağlıyordu. "Bağışla baba, bir daha yapmam. Ama o boya kovalarını ve tertemiz kilimleri görünce dayanamadım, azıcık deneyeyim dedim, sonra da kendimi kaptırmışım. Ama şimdi çok pişmanım, inan olsun, baba." Gözlerinden akan yaşları silerken Abdullah'ın öyle sevimli bir hali vardı ki, gülelim mi, ağlayalım mı bilemedik. Babam, "Hemen şimdi Sabriye Teyzeye gidecek, özür dileyip elini öpeceksin. Zarar ziyanı ben ödeyeceğim. Sen de ceza olarak Sabriye Teyzenin bahçesinde iş görecek, odunlarını taşıyacak, bahçe işlerine bakacaksın. Tamam mı?" dedi. Abdullah, "Tamam baba," diye cevap verdi. "Haydi bakalım doğru Sabriye Teyzelere."

İşte Nilgüncüğüm, yayla sefamız böyle bitti. O gece kardeşlerimle baş başa kaldığımızda Abdullah'ın yaptıklarına doya doya güldük.

Şimdilik haberler bu kadar, seni kucaklar, mektubunu beklerim.

Sevgiler
Şerife

Şerife mektubunu bitirdiğinde hâlâ kendi kendine kıkırdıyordu. Şu Abdullah ne ömür çocuktu. Onun yaramazlık öyküleri anlatmakla bitmezdi. Ama Şerife'nin en hoşuna gideni, yuvada yaptığıydı.

Abdullah üç ya da dört yaşlarında olmalıydı, yaramazlıklarından bıkan annesi onu kentteki 'Müşide Anne Yuvası'na vermişti. Gel gör ki, daha ilk hafta içinde yuvadan birkaç kez kaçan Abdullah, ortalığı karıştırmış, sonunda yuvanın kapıcısına, "Bu çocuğa dikkat et, hep kaçıyor," talimatı verilmişti. Sıkı denetimden bunalan küçük yaramaz düşünüp taşınıp yeni bir kaçış yöntemi bulmuştu.

Günlerden bir gün kapıcıya giderek en masum haliyle, "Ahmet Amca, Müşide Anne seni çağırıyor," demiş, kapıcı da koşarak müdire hanımın yanına çıkmıştı.

"Beni çağırmışsınız, efendim," diyerek odasına giren kapıcıya müdire hanım, "Ben seni çağırtmadım ki Ahmet Efendi, kim söyledi bunu?" diye sormuştu. Ahmet Efendi, "Küçük Abdullah," deyince müdire hanım, "Ne, Abdullah mı? Ahmet Efendi o seni kandırmış. Ben kimseyi çağırmadım, koş kapıya bak bakalım, mutlaka yine kaçmıştır," diye feryadı basmış, Ahmet Efendi de koşarak Abdullah'ın peşine düşmüştü.

Abdullahçık buraya kadar iyi düşünmüş, Ahmet Efendiyi kandırmayı becerip özgürlüğüne kavuşmuştu da, koşarak uzaklaşması gerektiğini düşünememişti. O geze geze giderken, Ahmet Efendi onu yakalayıvermiş, böylece hevesi kursağında kalmış olan küçük kaçak, ağlaya ağlaya yuvaya dönmüştü.

15 Ekim

Merhaba Şerifecik,

Doğrusu Abdullah'ın yazı merakına hâlâ çok gülüyorum.

Mektubunu dayanamayıp annemle babama da okudum, öylesine hoşuma gitti. Onlar da çok güldüler. Babam da çocukken çok yaramazmış, onun için Abdullah'ın halini anlıyor, ama tabii baban da kızmakta haklı. Şerifeciğim, ne olur, kardeşinin başka serüvenlerini de anlatmayı unutma. Onun durumunda olmayı istemem, ama okuması pek eğlenceli oluyor.

Demek oralar hâlâ sıcak... Oysa buraya sonbahar geldi bile. Ben sonbaharı çok severim. Yaprakların sararıp kızarması ne güzel bir görünüm oluşturuyor. Ayrıca nazlı bir sonbahar güneşi var ki, her şeyin rengini daha bir güzelleştiriyor. Bu mevsimde Boğaz çok güzel olur. Boğaz'daki evleri sarmaşıklar sarar, yol kenarındaki kestane ağaçları da kıpkızıldır. Ben bu yaprakları toplar, bir defter içinde kuruturum.

Biz de hafta sonları dedemin Boğaz'daki evine gidiyoruz. Annemle uzun yürüyüşler yapıyor, sonra deniz kenarındaki ufak bir kahvede oturup çay içiyoruz. Yolda ve o kahvede neler konuşuyoruz, neler... Annem bana kendi çocukluğunu, o zamanki düşlerini, yapmayı amaçladığı şeyleri anlatıyor. Ben de ona her şeyimi anlatıyorum. Annemle iki iyi arkadaşız biz. Keşke sen de burada olsaydın da, seninle yürüyüşlere çıkıp bol bol yüz yüze konuşabilseydik. Seni o kadar merak ediyorum ki... Bana bir fotoğrafını yollar mısın? Sana yazarken yüzünün nasıl olduğunu bilirsem, daha bir rahat yazacak, seni gözümün önüne getirebileceğim. Ben de sana kendi fotoğrafımı yollarım, olur mu?

Şimdilik hoşça kal, daha sosyal bilgilere çalışacağım. Matematiği seviyorum da, şu sosyal bilgileri çalışırken sıkıntıdan patlayacak gibi oluyorum.

Öpücükler
Nilgün

Not: Bana hâlâ güvercinlerinden söz etmedin! Yaramaz kız!

22 Ekim

Sevgili Nilgüncüğüm,

Bugün çok mutluyum. Yüksel Öğretmen yaptığım resmi çok beğendi, sınıfa gösterdi ve duvara astı. Dersten sonra da beni yanına çağırarak, resim yapmada yetenekli olduğumu, bu konuya ciddi biçimde eğilmemi söyledi. Eğer annem babam izin verirse, bir resim öğretmeninden özel resim dersi almamı sağlayabileceğini de sözlerine ekledi. Nasıl sevindim bilemezsin, resim yapmayı çok seviyorum, gizli amacım da bir gün büyük bir ressam olmak. Bak, bunu ilk kez sana açıklıyorum. Gülerler diye ne öbür arkadaşlarıma, ne de aileme açmıştım. Senin de öyle gizli bir amacın var mı? Bazen geceleri yatağıma yattığımda kendimi sergi açmış, hayran hayran resimlerimi seyredenlere bilgi verirken düşlüyorum. Sergimin gelirini yoksul çocuklara bağışlıyorum... Kim bilir belki de Güzel Sanatlar Akademisi'ne giderim... Neyse, hayalleri bırakıp gerçeklere dönelim.

Bana ağabeyimin güvercinlerini soruyorsun. Dünyanın en tatlı yaratıkları onlar. Senin sözünü ettiklerin ayrı. Bizimkiler posta güvercinleri.

Ahmet Ağabey onlara evin damında bir dolap yaptı, o dolapta uyurlar. Ağabeyim güvercinlerini günde iki kez uçurur, bir sabah, bir ikindi. Çift yaşarlar ve birbirlerine pek sadıktırlar. Uçururken çiftin sadece birini uçurur, eşi aşağıda kalır. İkisini de uçurursa, çok yaramazlık eder, bir türlü aşağıya dönmek bilmezler. Daireler çizerek yükselir, gözden kaybolurlar. Sonra Ahmet Ağabey bir tanesini hafifçe sallar, güvercinin kanat çırpması üzerine ötekiler arkalarında bembeyaz bir duman bırakarak pike yapar, yere inerler. Ağabeyim, "Dolaba," der, tıpış tıpış gider, kendi dolaplarına girerler.

Cins cinstirler, adları da ona göredir. 'Fitilli' beyazdır, kanatları fitil fitildir. 'Bulutlu' bulut rengindedir, kapkara olanına 'Akrep' denir. 'Göksakar' gri renktedir, başında beyaz bir beneği vardır. 'Zırhlı' ise tekir kedi rengindedir, kanatlarının uçları beyazdır, zırh geçmiş gibi. Ahmet Ağabeyim onlara gözü gibi bakar, sever okşar. En sevdiği şey, dama çıkıp onları uçurmaktır. Az kaldı unutuyordum, çok ilginç bir yönleri daha var: Dişisi yumurtlayacağı zaman, erkeği onun dışarılarda dolaşmasını hiç istemez, gagasıyla döve döve dişiyi dolaba sokar. Sanki dışarıda dolaşırsa, yuvasında yumurtlamaz da, yumurtalara zarar gelebilir düşüncesiyle hareket ediyor gibidir. Aslında da böyle ya...

Hayvanlar ne ilginç oluyor, değil mi? İstersen sana onların bir resimlerini yapıp yollayayım, altlarına adlarını da yazarım.

Bugünlerde Nazife Ablam bir tuhaf. Ne derdi var bilmiyorum. Bilmem daha önce sana yazmış mıydım? Nazife Ablam liseyi bitirdikten sonra bir bankaya girdi, çalışıyor. Evde boş durmak istemedi, babam da onu bir bankaya yerleştirdi. İki yıldır orada. Kim bilir, belki de hâlâ arkadaşı Zarife'yle yaptığı tartışmaya canı sıkılıyordur. Hatice

Ablama anlatırken duydum. Zarife üniversiteye gidiyor, İstanbul'da. Geçenlerde bizdeydi.

Zarife gittikten sonra Nazife Ablam alı al, moru mor, Hatice Ablama, "Şu Zarife'ye de artık tahammülüm kalmadı. İyi ki bir üniversiteye gidiyor, çalımından geçilmiyor. Bugünkü sözleri bardağı taşıran son damla oldu. Artık onunla mümkün olduğu kadar az görüşeceğim," dedi. Hatice Ablam parmaklıklara konsolos çiçeğinin dallarını sardırmakla meşguldü. (Konsolos çiçeklerimiz de bu yıl bir coşkun, bir coşkun, görsen bayılırsın Nilgüncüğüm. Asıl adını bilmiyorum, ama bu çiçeği buraya ilk kez bir İtalyan konsolosu getirdiği için halk arasında 'konsolos çiçeği' diye anılır. Salkım salkım mor çiçekleri vardır, ağaç gibi bir sarmaşıktır. Bizde Hatice Ablam sayesinde, hem moru, hem turuncusu, hem de ateş kırmızısı var ki, bu son iki renk ender bulunur.)

"Hayrola yine ne dedi de seni bu kadar kızdırdı?" diye sordu Hatice Ablam.

"Canım umrumda mı onun lafları!"

"İyi ama hem umrumda mı diyorsun, hem de kızıyorsun. Haydi, haydi anlat da ferahla."

Nazife Ablam, Hatice Ablamın yanına oturup anlatmaya koyuldu. Bir yandan da dalgın dalgın fesleğenle oynuyor, çiçeğin ufacık yapraklarını koparıp kokluyordu.

"Bir konuda tartışıyorduk. Bilirsin, dediği dediktir onun, sanki sadece bir o doğruyu bilir, başkası bilmez. Ben de kendi inancımı savundum. Bana ne dedi biliyor musun? 'Nazife, sen mi iyi bileceksin ben mi? Sen sadece bir lise mezunusun, ben üniversite öğrencisiyim.' Bak, bak, bak, lafa bak."

"Peki, sen ne dedin?"

"İşte en çok buna kızıyorum ya, o kadar öfkelendim ki, hırsımdan dilim tutuldu, hiçbir şey söyleyemedim. En çok da buna kahroluyorum."

Hatice Ablam dalları sardırmış, bu kez de süs biberlerine geçmişti. Bir yandan saksının toprağını havalandırıyor, bir yandan da o yumuşak sesiyle, "Aldırma canım, sen ona ne bakıyorsun. Oldum olası kurumlu bir kızdır," diye Nazife Ablamı yatıştırmaya çalışıyordu. "Zaten senin onunla arkadaşlığını bir türlü anlayamamışımdır. Birbirinizin dengi değilsiniz."

"Aman birde sen üstüme varma, zaten canım sıkkın." Bir sessizlik oldu; birden, "Bak, bak, bak, lafa bak. Ben sadece bir lise mezunuymuşum," diyen Nazife Ablamın sesi yine sessizliği bozdu. Anlaşılan bu sözler ona pek dokunmuştu.

"Evet, ama şimdi bir bankada çalışıyor, para kazanıyorsun. Üstelik seni çok beğeniyorlarmış. Hamdi Bey Amca, böyle giderse seni yakında şef yapacaklarını söylemiş. Babam anneme anlatırken öyle bir gururlanıyordu ki..."

"Haydi, haydi, beni avutmak için böyle söylüyorsun."

"Vallahi de doğru, billahi de doğru. İnanmazsan git anneme sor."

İşte o günden beri Nazife Ablam bir tuhaf. Eski neşeli hali yok, pek keyifsiz. Eğer hâlâ bu aptalca tartışmaya üzülüyorsa, şaşarım. Ama cesaret edip de soramıyorum, sonra onları dinlediğim ortaya çıkar.

Nilgüncüğüm, sana havadislerim şimdilik bu kadar. Seni kucaklar, öperim.

Sevgiler
Şerife

Şerife, Nilgün'e yazdığı mektubu bitirdikten sonra avluya indi. Eylül sıcağı geçmiş, ekim tüm güzelliğini sürdürüyordu. Ilık bir rüzgâr yaprakları dalgalandırıyor, kuşlar dallarda cıvıldaşıyordu. Şerife doğa hayranı bir çocuktu, sanatçı ruhu onun tüm renkleri, şekilleri görmesini sağlıyordu. Bir süre etrafını seyretti. Yeşilin ne de çok çeşidi var, diye düşündü. Limonun yaprağı başka yeşil, çimeninki başka, ilerideki bağların yeşili yine başka...

Şerife'nin ağabeyi Ahmet çoktan okuldan dönmüş, dama çıkmıştı. Güvercinleri seviyor, onların sularını, yemlerini değiştiriyordu. Şerife dut ağacının dibine rahatça yerleşti. Ahmet az sonra onları uçuracaktı, güvercinlerin uçuşlarını seyretmeye bayılırdı. Birden Şerife'nin aklına Nilgün'e verdiği söz geldi, resimlere başlamanın tam sırasıydı. Koşarak eve gidip kâğıtları, kalemleri ve suluboya takımını aldı, tekrar aşağı indi. Ahmet onu görmüş, sesleniyordu, "Ne o, Sarı? Yine resim mi yapacaksın?" Şerife'nin takma adı çoktu, sarı saçları nedeniyle köyde ona 'Sarı' da derlerdi. "Evet ağabey, hem bu kez senin güvercinlerinin resmini yapıp İstanbullu arkadaşıma göndereceğim."

"Vay, vay, vay. Haydi bakalım Göksakar, artık meşhur oldun gitti. Şöyle bir fiyakalı uç da resmin İstanbul'a güzel gitsin," dedikten sonra kuşu salıverdi Ahmet. Göksakar önce alçaktan bir daire çizdi, sonra daireyi yavaş yavaş genişleterek yükseldi, yükseldi; gökyüzünde ufacık bir nokta olmuştu sonunda.

Güvercinleri dikkatle izleyen yalnızca Şerife'yle Ahmet değildi. Şerife'nin kedisi Gümüş de tehlikeli biçimde gözlerini onlara dikmiş, çenesi titreyerek kuşları seyrediyordu. Şerife hemen Gümüş'ü kucağına alıp okşadı ve, "Uslu dur," diyerek yanına yatırdı. Kedicik top gibi yuvarlanıp uyuklamaya başladıysa da, her kanat sesinde başını kaldırıp imrenerek kuşlara bakmaktan kendini alamıyordu.

O sırada Hatice pencereden başını uzatıp seslendi, "Şerife, Ahmet, çay hazır, gelin de içelim. Abdullah nerede?"

Şerife, "Abdullah arkadaşına gitti," dedi. "Abla, çayı burada içsek olmaz mı, bak hava ne güzel, hem ben güvercinlerin resmini yapıyorum."

Ahmet, "Benimkini dama getir," diye bağırdı.

"Daha neler. Gelir aşağıda içersin."

Az sonra üç kardeş dutun altına oturmuş, çaylarını içiyordu. Şerife ise bir yandan hızlı hızlı çayını içiyor, bir yandan da resmini boyuyordu. Hatice, "Şerife, bir gün de benim çiçeklerimin resmini yapsana," dedi.

"Tabii abla, zaten ben de çiçeklerin resmini yapmak istiyordum, hele de Leyl-i Kadir'in."

Şerife'nin sözünü ettiği çiçek yılda bir tek gece açardı. Kaktüs ailesinden, beyaz zambağı andıran nefis bir görünümü ve kokusu vardı. Kadir Gecesi anlamına gelen Leyl-i Kadir'in açacağı gece, Hatice balkondaki ışığı sabaha dek yanık bırakır, konu komşu çiçeğin açmasını seyretmek için gelirdi. Çiçek, sabah olunca kapanır, eski gösterişsiz haline dönerdi.

"Çiçeklerimin şahıdır o," dedi Hatice.

Bir süre daha üç kardeş yaşamlarının bir parçası olan çiçeklerden, kuşlardan söz ettiler sonra Hatice bardakları toplayarak, "Daha fazla oyalanmadan gidip ütüyü bitireyim, annem gelir de ütüyü bitmemiş bulursa çok kızar," dedi ve eve girdi. Ahmet de dama çıkınca, Şerife sessizlik içinde resim yapmaya devam etti.

Son teneffüste, yanına yaklaşan Şerife'ye Yüksel Öğretmen, "Evet, Şerife?" dedi.

"Öğretmenim, size yaptığım bazı resimleri göstermek istiyorum." Bunları söylerken Şerife kıpkırmızı olmuştu.

"Tabii yavrum, göster bakayım."

Şerife kolunun altındaki dosyayı öğretmenine uzattı. Yüksel Öğretmen resimleri teker teker inceledikten sonra, "Aferin Şerife, ne diyeyim, tek kelimeyle aferin. Resimler hareketli, renkler, ayrıntılar çok canlı. Bana gösterdiğin iyi oldu, şimdi bu güzel resimleri ben de arkadaşlarına göstereceğim."

"Ama öğretmenim..." Şerife büsbütün kızarmış, çilleri ortaya çıkmıştı.

"Yavrucuğum, ne var bunda utanacak? Yaptığın güzel bir çalışmayı arkadaşlarının görmesini istiyorum, o kadar."

O sırada oradan geçmekte olan Emre durup başını uzattı. "Aaaa! Kuşlar! Güvercinler!" diye bas bas bağırınca, öteki çocuklar da hemen öğretmenlerinin etrafını çeviriverdiler.

"Sabırlı olun bakalım, sınıfta göreceksiniz. Haydi zil çaldı zaten, hepiniz içeri."

Sınıfa girince Yüksel Öğretmen, Şerife'nin resimlerini teker teker sınıfa gösterdi, açıklamalar yaptı. Onların da resim yaparken hangi noktalara dikkat etmeleri gerektiğini bu örnekler üzerinde belirtti.

Şerife'nin içi içine sığmıyordu, çok çok mutluydu. Yüksel Öğretmen insanı ne de güzel özendiriyordu.

"Şerife, bu resimleri ne yapmayı düşünüyorsun? İstersen bunları sınıfa asalım."

"Çok isterdim öğretmenim, ama ben onları İstanbul'daki arkadaşım Nilgün için yaptım. Güvercinler hakkında pek bilgisi yokmuş da..."

"A-a-a-a, güvercinleri bilmiyormuş," diyerek Emre kahkahalar atmaya başladı.

Şerife kızmıştı. "Canım nereden bilsin, hem bilmemek ayıp mı?"

Ama Emre hâlâ gülüyordu. Yüksel Öğretmen, "Emre, yeter artık," dedikten sonra Şerife'ye dönerek, "Mektuplaşmanız iyi gidiyor galiba," dedi.

"Hem de nasıl öğretmenim. Çok neşeli ve iyi bir kız, o bana kendi yaşamını anlatıyor, ben de ona benimkini."

Elvan, "Desene istediğin oldu, Şerife," dedi.

Emre, "Neymiş, neymiş? İstediği neymiş?" diye atıldı.

İrem açıkladı. "Şerife bu mektuplaşmadan bir dostluk doğabileceğini savunuyordu."

Yüksel Öğretmen, "Ne dersin, bu dileğin gerçekleşebilir mi, Şerife?" diye sordu.

"Sanırım öğretmenim. Gerçi birbirimize sadece birkaç mektup yazdık, ama hepsi çok içten ve eğlenceliydi, sonra ikimiz de her şeyi rahatça yazabiliyoruz. Onu çok merak ediyorum. Bir araya gelemememiz ne kötü."

"Hiç belli olmaz, bakarsın bir gün buluşursunuz."

Şerife, 'keşke' dercesine içini çekti. Elvan'la İrem gülümseyerek ona bakıyorlardı.

Yüksel Öğretmen, "İrem, senin erkek arkadaşınla mektuplaşman nasıl gidiyor?" diye sordu.

"Tam düşündüğüm gibi, öğretmenim. Bana hangi futbol takımını tuttuğumu soruyor, sonra da kendi tuttuğu takımın neden küme düştüğünü, sanki sormuşum gibi, uzun uzun anlatıyor." İrem'ciğin suratı asıktı, herkes gülüyordu.

"Elvan, seninki nasıl gidiyor?"

"Şöyle böyle, öğretmenim."

"Evet, çocuklar, bu kadar sohbet yeter, artık dersimize dönelim."

25 Ekim

Şerifeciğim,

Sen bir harikasın! Sen büyük bir yeteneksin! Sen yarının en büyük ressamı olacaksın! Bunu sana ilk ben söylediğim için kıvanç duyuyorum. Ta-ta-ta-taaa. Bana gönderdiğin o güvercin resimlerinin her biri ayrı harika. Dayanamadım ve anneme, babama, Defne'ye gösterdim, tabii gizli amacını açıklamadım. Sadece, "Bakın Şerife bana neler göndermiş," dedim. Onlar da çok beğendiler. Annem en çok, göklerde uçan Zırhlı'yı, babam dolaba girmek üzere olan Fitilli'yi, Defne pike yapan Göksakar'ı, ben de yem yiyen Akrep'i beğendim (benim burcum Akrep). Aslında hepsi birbirinden güzel. Ne yapacağım biliyor musun? Hepsini çerçeveletip çalışma masamın karşısına asacağım, böylece o güzel kuşları her an görebileceğim. Tekrar teşekkür ederim, Şerifeciğim. Sadece kuşlar değil, bulutlar, ağaçlar, yapraklar da ne kadar canlı... Sanki elimi uzatsam o güzel güvercinleri tutacakmışım gibi hissettim. Evet, sen ünlü bir ressam olacaksın, bu kesin! Çalışmalarına devam et, büyük usta!

Gelelim benim gizli amacıma. Ben aslında kendimi senin gibi denemiş değilim, ama ünlü bir doktor olmak, bir yandan da araştırma yapmak istiyorum. Hem hastalıklara çare aramak için araştırmak, hem de doktorluk. Bilmem ikisi bir arada yürür mü? Ben ikisini de yapmak istiyorum. Ben de senin gibi, geceleri yatağıma yattığımda hayaller kuruyorum. Çok ünlü bir doktormuşum, çünkü amansız bir hastalığın çaresini bulmuşum. Herkes beni tanıyormuş, çok da iyi para kazanıyormuşum. Çok güzel bir evim varmış, ben de çok şık ve güzelmişim, bu arada yoksullara da parasız bakıyormuşum. Nasıl? Tam hayal, değil mi? Ama olsun, düşünmesi bile tatlı geliyor.

Bak, dün çok komik bir şey oldu. Oturmuş yine o can sıkıcı sosyal bilgilere çalışıyordum. Gözümün önünde olduğu halde bir türlü haritada Rodos Adası'nı bulamıyordum. Bir ara öyle içim sıkıldı ki, "Öff, Rodos nerede?" diye bağırmışım. Defne o incecik sesiyle bir telaş, "Ben almadım," demez mi?.. Her şeyimi karıştırıp alır da...

Seni ailece kutlar, resimler için teşekkür ederiz, Şerifeciğim.

Öpücükler
Nilgün

Nilgün telefonun başına geçti, sevgili dedesini arıyordu. Olan biten her şeyi anneannesiyle dedesine anlatmazsa rahat edemezdi.

"Alo, dedeciğim nasılsınız? Anneannem nasıl? Dedeciğim, Mersinli arkadaşımdan yeni bir mektup aldım. Mektupla birlikte güvercinlerinin resimlerini yapmış yollamış, hepsi birbirinden güzel, size göstermek istiyorum. Aaaa, öyle mi, yaşa dedeciğim. Peki, peki, anneme söylerim. Oldu, güle güle dedeciğim."

Telefonu çat diye kapatan Nilgün annesinin yanına koştu.

"Anne, anne."

"Yavrucuğum şu telefonu daha yavaş kapasan olmaz mı? Evet, ne var?"

"Az sonra dedemler geleceklermiş, hazırlanın, Kavaklar'a gidip balık yiyelim diyor."

"Pekâlâ, sen hazırlan, ben de Defne'yi giydireyim."

Nilgün'ün babası o hafta bilimsel bir toplantı için Ankara'ya gitmişti. Böyle zamanlarda dedesiyle anneannesi onları yalnız bırakmazlar, akşam yemeklerini ya evde ya da dışarıda birlikte yerlerdi.

Nilgün temiz bir pantolon giydi, kazağını değiştirdi, saçlarını fırçaladı, tamam hazırdı. Oysa Defne... Annesinin yardımlarına karşın, değil hazırlanmak, ne giyeceğini bile kararlaştıramıyordu. Nilgün, Defne'nin oda kapısına dayanıp annesiyle kardeşini izlemeye koyuldu. Evin en küçük odası Defne'nindi. Ufacık yatağı, başucundaki komodini, oyuncaklarıyla kitaplarının durduğu üç katlı kitaplığı tüm eşyalarını oluşturuyordu. Çiçekli keten yatak örtüsüyle aynı kumaştan dikilmiş perdenin uçlarından beyaz ponponlar sallanıyordu.

Defne önce bir etek denemiş, sevmemiş, sonra elbise giyeceğim demiş, ondan da vazgeçmişti; şimdi başka bir etek denemek üzereydi. Bu arada annesinin sabrını yitirmek üzere olduğu da belliydi. Sonunda giyinmesi bitince, gözyaşları arasında saçları tarandı. Anneleri ne denli dikkatli olursa olsun, kıvırcık saçlar fırçaya takılıyor, küçük kızın canını acıtıyordu. Bu da bitince Defne, "Anneciğim, Nilgüncüğüm, siz artık gidin, ben kendim hazırlanırım," dedi. Belgin Hanım da üstünü değiştirmek için odasına geçti. Nilgün, Defne'yi elinde annesinin parfüm şişesi, bol bol sürünür görünce bir çığlık attı. "Defne, ne yapıyorsun, annemin kokusu o," deyince Defne hiç istifini bozmadan, "Yoo, şişedeki koku bitince annem bana verdi, ben de su doldurup kullanıyorum," diye açıkladı. Nilgün bir kahkaha atarak, "Ver bakayım, bir de ben sürüneyim," dedi. Gerçekten hafif de olsa su parfüm gibi kokuyordu, eh Defnoş'un da istediği buydu zaten. Nilgün başını iki yana sallayarak, "Ne tuhaf kızsın, hiç işin yok böyle şeylerle uğraşıyorsun," dedi.

Kapı ziline Nilgün koştu, gelenler anneannesiyle dedesiydi. Uzun uzun çocuklarla öpüştüler. Belgin Hanıma da acele etmemesini söyleyerek koltuklara yerleştiler. Nilgün hemen Şerife'nin resimlerini getirdi.

Anneannesi, hele de dedesi resimleri dikkatle inceledikten sonra çok beğendiklerini söyleyince, Nilgün resimleri kendi yapmışçasına gururlandı. Dedesi, "Aferin kıza, ne güzel de yapmış. Sonra seni düşünüp bunlara uzun uzun emek verip yollaması da duygulu bir çocuk olduğunu gösteriyor," dedi.

"Dedeciğim, çok tatlı bir kız. Mektuplaşmamız çok zevkli oluyor."

"Kimin kızıymış?"

"Babasının adını yazmamış, doğrusu ben de sormadım, ama babası çiftçiymiş, narenciyeyle uğraşıyormuş. Portakal, limon bahçeleri var."

"Hımm... Güneyin köylüleri açık fikirlidirler."

"Ailesi epeyce kalabalık. Kardeşleri, kedisi, köpeği, güvercinleri, dövüş horozları, tavukları var."

"Ne zamandır mektuplaşıyorsunuz?"

"Okul açıldığından beri diyebilirim, dedeciğim."

"Pek fazla olmamış, ama birbirinizden hoşlanıyorsanız bunu sürdürebilirsiniz. Düşün, önümüzdeki yıllarda da sürdürseniz, büyüyüp genç kız olunca, evlenip genç hanımlar olunca hep mektuplaşmaya devam etseniz ne güzel olur."

"Ay dedeciğim, ne şahane fikirleriniz var sizin. Gerçekten de ne iyi olur."

"Kim bilir belki bir gün karşılaşırsınız."

"Ah işte bu en güzeli... Onu çok merak ediyorum, hatta bir fotoğrafını istedim."

Belgin Hanım içeri girdi, annesiyle babasını öptükten sonra, "Ben hazırım," derken gözü Defne'ye takıldı ve bir çığlık attı. "Defne böyle gelemezsin!"

Defnecik dedesine işportacılardan aldırdığı tüm yüzükleri parmaklarına takmış, boş parmağı kalmamıştı. Kırmızı, yeşil, mavi taşlı kocaman kocaman yüzükler, onun minicik parmaklarında parıl parıl parlıyordu.

Nilgün bir kahkaha attı. "Tevekkeli değil bizi, artık ben kendim hazırlanırım, diye odasından sepetledi!"

Defne ise gözleri dolu dolu, ellerini arkasına saklamıştı. Kendince bir güzel süslenmişti, yüzüklerini çıkarmaya da hiç niyeti yoktu. Belgin Hanım, "Haydi kızım, oyun için takınca bir şey demiyorum ama lokantaya böyle gidilmez, çıkar onları," dedi.

Defne hâlâ gözleri dolu dolu, elleri arkasında, başını iki yana 'vermem' dercesine sallayıp duruyordu. Sonunda her zaman olduğu gibi durumu yine dede kurtardı.

"Canım akşam vakti kim görecek, çocuğun üstüne varma. O akıllı kızdır, az sonra yüzüklerini bana verir," dedikten sonra Defne'nin elinden tutarak kapıya doğru yürüdü.

Sokak kapısını çekerken Belgin Hanım, "Ah şu babam, hep çocukları şımartıyor," diye kendi kendine söyleniyordu.

*

Şerife sevinç içindeydi. İlk kez bir lunapark görecekti. Belediye hoparlörü kısa aralarla, kente gelmiş olan lunaparkın reklamını yapıyordu. Her yerde konu aynıydı; lunapark. Okulda çocuklar, çarşıda esnaf, evlerde ana babalar hep bunu konuşuyorlardı.

Şerife önemli olayı duyar duymaz eve koşmuş, annesine haber vermişti. Az sonra gelen Ahmet'le Abdullah'ın da aynı konuyu yinelemelerine, Nazife'yle Hatice'nin ısrarları da eklenince, kadıncağız 'peki' demek zorunda kalmıştı. Konu akşam babalarına açılmış, onun da izni alınmıştı. Böylelikle, Kurban Bayramı'nın son günü ailece kente indiler. Abdullah sabırsızlıktan yerinde duramıyordu.

Lunapark kent parkının içine kurulmuştu. İşin güzel yanı, her yıl yinelenen Mersin festivali ve fuarının aynı zamanda, aynı parkın içinde yer alışıydı. Deniz kenarında uzanan Atatürk Parkı'nın bir tarafında lunapark, öbür tarafında fuar kurulmuştu.

Ne dediyseler, babalarını birlikte gelmeye kandıramamışlar, o her zamanki şakacı haliyle, "Siz hele bir yol gidin, iyi bir şeyse bir daha sefere ben de gelirim," diyerek hepsini başından savmıştı. Zavallı anneleri önce, "Benim için ne zor bu kadar çocuğun arasında," diye epeyce direndiyse de, sonunda çocuklarının başında bulunması gerektiğini düşünerek onlarla birlikte gitmeye razı olmuştu.

Parkın kapısından içeri girdiklerinde hepsi merak içindeydi. Lunaparkın bulunduğu yere gelince bir an duraladılar. O ne hareket, o ne ışık, o ne gürültü. Dönmedolap, atlıkarınca dönüyor, korku tünelinin olduğu yerden çığlıklar yükseliyor, çarpışan otomobillerdekiler arabalar birbirlerine bindirdikçe keyiflenerek kahkahaları basıyorlardı. Kobra ve balerin adlı oyuncaklar delicesine bir hızla dönüyor, saçları uçuşan kadınlar, çığlıklar atıyorlardı. Ayrıca her oyuncağın olduğu yerden de ayrı bir müzik sesi yükseliyordu.

Nazike Hanım, "Bu ne gürültü çocuklar, tövbe yarabbim, insan burda kaybolur," diyordu. Kadıncağız geldiğine geleceğine pişman olmuştu. Nazife'yle Hatice de şaşkınlık içindeydiler, ama bir yandan da oyuncakları denemek istiyorlardı. Şerife, Ahmet ve Abdullah ise hayranlık içinde etrafı seyrediyorlardı. Ahmet, "Şöyle bir dolaşalım da her yerini görelim," diye önerdi. Bu fikir hepsine uygun geldi, azıcık cesaretlenerek dolaşmaya başladılar, oyuncakları yakından izlediler, kimisini de durup seyrettiler.

Lunaparkın içindeki diğer kişilerin onlardan pek farkı yoktu. Hepsi çekingenlikle çevreyi inceliyordu. Köylerden ailece gelenler oyuncaklara çoluk çocuk biniyorlardı. En fazla müşterisi olan dönme dolaptı. Kadınlar kucaklarında bebeleri, azıcık ürkek, erkeklerse şöyle bir sigara yakıp etrafı seyrediyorlardı dolap dönerken. Bu sadece Mersin kenti için değil, civar köyler için de büyük bir olay, büyük bir yenilikti.

Çocuklar bir süre sonra rahatlamışlardı. Her biri bir oyuncağı gözüne kestirmişti.

Abdullah, "Anne, ne olur ben çarpışan otomobillere bineyim," diye sızıldanıyordu. O en çok çarpışan otomobilleri sevmişti. Annesi, "Ahmet'le binersen olur," dedi.

"Ama anne, arabayı ben süreceğim."

Ahmet, "Ya ben ne yapacağım, öylece yanında mı oturacağım?" deyince, Nazife, "Canım bir sefer biriniz, bir sefer öbürünüz sürer," diyerek annesini bu güç durumdan kurtardı.

Şerife, Hatice'ye yaklaşarak, "Abla biz de şu hızlı dönene binsek, üstünde Kobra yazıyor," deyince annesi, "Durun bakalım, hepiniz bir yere dağılırsanız, ben hangi birinize bakacağım? Burada şeytan eniğini kaybetse bulamaz. Sırayla binerseniz, ben de hepinizi beklerim. Öyle ayrı baş çekmek yok," diye kestirip attı.

Abdullah o kadar gürültü ediyordu ki, önce onu bindirmeye karar verdiler. Biletler alındı, Ahmet'le Abdullah kırmızı bir arabaya bindiler. Direksiyonda Ahmet vardı, Abdullah sabırsızlıkla sıranın kendisine gelmesini bekliyordu. Kızlar kenara dizilmişler, Ahmet'in her çarpışında bağrışıyorlardı. Ziller çalındı, ikinci kez Abdullah direksiyona geçti. Yine ziller çalındı, herkesin arabası fırladı. Ama o da ne, Abdullah'la Ahmet'in arabası bir türlü hareket etmiyor, gelen çarpıyor giden çarpıyordu. Ahmet, Abdullah'a sinirlenmiş, bir şeyler söylüyor, Abdullah ise yüzü kıpkırmızı, uğraşıyor da uğraşıyordu. Sonunda, orada çalışanlardan biri gelip Abdullah'a yardım etti de, araba bir iki silkinişten sonra hareket etti. Artık Abdullah da keyifli keyifli ona buna çarpıp duruyordu. Yine ziller çaldı, iki kardeş indiler. Abdullah, "Bir daha binelim, ben bir şey anlamadım, tam kavradım, zil çaldı," diyordu. Nazike Hanım, "Biraz da kardeşlerin binsinler," dedi. Kobra'nın bulunduğu yere yöneldiler. Şerife'yle Hatice, Nazife'yle Abdullah bindiler. Hızla dönmeye başlayınca Şerife korktu, midesi de bulanmaya başlamaz mı... Ne yapsam da insem dercesine etrafına bakınıyordu. Hatice'nin durumu da ondan parlak değildi, ama kendine hâkim olabiliyordu. Önlerinde giden Abdullah ikide bir arkaya dönüp onlara bir şeyler bağırıyor, Nazife çekiştirerek onu önüne döndürüyordu. Şerife'ye saatlerce sürmüş gibi gelen dönme faslı sona erince kızcağız hemen aşağı atladı. "Aman abla, ben bir daha buna binmem, bir midem bulandı, bir midem bulandı," dedi, rengi sapsarı olmuştu zavallıcığın.

Oradan hep birlikte dönme dolaba gittiler. O hiç olmazsa yavaş dönüyordu. Bu kez anneleri de binsin istiyorlardı, uzun tartışmalardan sonra kadıncağızı da bindirdiler. Dönme dolabın her yükselişinde Nazike Hanım besmele çekti durdu.

İlk heyecan ve çekingenlik yenilmişti, artık çocuklar öbür oyuncaklara daha bir rahat biniyor, zevkine varıyorlardı. Saatler uçup gitmiş, Nazike Hanımın ayaklarına, kendi deyimiyle, karasular inmişti. Onun ertesi hafta tekrar gelmeyi vaat etmesi üzerine lunaparktan tam ayrılıyorlardı ki, Abdullah'ın gözü insan boyu karton resimlere ilişti. Bunlar türlü giysiler içinde çeşitli kişilerin yağlıboya resimleriydi. Örneğin, kucağında baygın bir genç kızı taşıyan Tarzan, bir kovboy, bir Türkmen kızı, bir gelinle damat... Resimlerin yüzleri kesilmişti, isteyen başını bu boşluktan uzatıyor ve öylece duruyor, fotoğrafı da o kişiymiş gibi, Tarzan'mış, bir kovboymuş gibi çıkıyordu.

"Anne, ne olur bir resim çektireyim, ne olur," diyen Abdullah, doğru Tarzan resmine koştu, hemen kafasını boşluktan uzatıp kucağında baygın kızı taşıyan Tarzan oluverdi. Abdullah'ın o karmakarışık saçları ve çocuksu yüzü Tarzan'ın kaslı vücudu üzerinde gerçekten ilginç bir karşıtlık oluşturuyordu.

Fotoğraf da çekildikten sonra fuar bölümüne geçtiler. Sıra sıra küçük dükkânlar mallarını sergilemişlerdi. Yurdun dört bir yanından buraya çeşitli gıda maddeleri, giysiler, eşyalar gelmişti. Baloncular, fıstıkçılar gezinerek satış yapıyorlardı. Çocuklar birer meyve suyuyla birer kutu patlamış mısır aldılar, kızlar giysileri inceliyorlardı. Parkın içinden yürüyerek minibüs durağına yöneldiler.

Onca gürültüden sonra parkın sessizliği Şerife'nin hoşuna gitti. Deniz kenarında sandallar, isteyenleri gezdiriyor, çocuklar tahterevallilere, salıncaklara biniyorlardı. Abdullah bu kez de sandala binmek istedi, ama artık annesinin eve dönmekten başka bir şey düşündüğü yoktu. Şerife çeşitli çiçeklerle bezeli göbeklerin, ufacık yolların ve havuzcukların arasından yavaş yavaş yürüyerek annesini izliyordu. Çiçek göbeklerini çevreleyen lavanta çiçeğinden bir parça kokladı, mis gibi kokuyordu.

Minibüse bindiklerinde hepsi yorgundu, yol boyu lunapark tartışıldı. Şerife en çok dönme dolabı, ablaları korku tünelini, Abdullah'la Ahmet çarpışan otomobilleri sevmişlerdi. Kısacası bayramın son günü çok güzel geçmişti. Akşam evde babalarına anlatılacak ne çok şey vardı. Şerife, Nilgün'e yazacağı mektubu düşünüyordu.

5 Kasım

Sevgili Nilgüncüğüm,

Büyüklerinin ve senin Kurban Bayramınız mübarek olsun. Sana bir kart atacaktım ama nasıl olsa mektup sırası bende, bayramını mektupla kutlayayım dedim.

Bu yıl da bayram çok güzel geçti. Zaten bayramı hepimiz dört gözle bekleriz, yılın en eğlenceli, en hareketli olayıdır. En güzeli de bu bayram bir lunaparka gitmemiz oldu.

Ben ilk kez bir lunapark gördüm ve çok çok sevdim. Her gün gitsem doyamam. İstanbul'dan gelmiş, bir ay burada kalacakmış. Biz de annemi kandırıp bayramın dördüncü günü gittik. Tüm oyuncaklara bindik, kimisinden korktum, midem bile bulandı, kimisinden de hiç inesim gelmedi. Tabii lunaparkın tadını en çok Abdullah çıkardı. Ha, az kaldı unutuyordum, en sonunda da Abdullah bir fotoğraf çektirdi, hem de Tarzan gibi. Hani o kartondan resimler var ya, baş kısmı boş olan, sen mutlak bilirsin. İşte onlardan Tarzan gibi olanında çektirdi. Akşam eve gelince, babam, "Anlat bakalım neler yaptınız?" deyince Abdullah, "Bak baba, bana bak," diye gururla resmi ona uzattı. Babam fotoğrafı eline alıp şöyle bir baktıktan sonra bir kahkaha attı ki deme gitsin. "Vay, vay, vay, bakın hele şu bizim Abdullah meğer neymiş!"

Gerçekten de kucağında baygın bir kız taşıyan Tarzan-Abdullah'ın resmi görülecek şey! Ahmet Ağabeyim hemencecik ona 'Mister Tarzan' adını taktı, şimdi evde herkes çocukcağıza 'Tarzan Abdullah' diyor. Tarzan Abdullah aşağı, Tarzan Abdullah yukarı. O da sözde kızıyor ama köyde fotoğrafı göstermedik kimse kalmamış!

Sana bayramın nasıl geçtiğini yazacaktım, tuttum en sonundan başladım Nilgüncüğüm, ama inan ki lunapark hepimizi çok etkiledi.

Buralarda bayramı her çocuk gibi ben de dört gözle beklerim, yeni giysiler bayramda alınır, bol harçlıklar bayramda verilir, güzel yiyecekler bayramda hazırlanır. Ben de bu yıl kırmızı, bilekten bağlı bir çift ayakkabı beğenmiştim, onu istiyorum. Tabii ablalarımla öbür kardeşlerimin de göz koydukları şeyler vardı.

Annem günler öncesinden bayram hazırlığına başladı. Önce çarşıya indik, çarşı tam bir bayram çarşısıydı, yani ana-baba günü. Mut'tan, Erdemli'den, Silifke'den, Tarsus'tan, ta Gülnar'dan bile gelen vardı bayram alışverişi için. Alışverişleri bitirmemiz birkaç gün aldı.

Nazife Ablama alınan topuklu pabucun topuğu daha evde prova ederken çıkmaz mı, haydi geri götürüldü. O patırtıda Abdullah'a alınan pantolonun belini sıktığı yine eve gelince anlaşıldı, o da geri gitti, yerine sıkmayanı alındı.

Bana istediğim kırmızı, bilekten bağlı ayakkabı alındı. Annem hatrımı kırmadı, ama yan yan bakışından ayakkabılarımı pek de beğenmediğini anladım. Oysa ben çok seviyorum yeni pabuçlarımı.

Kumaşlarımız da ne güzel, renkleri, desenleri cıvıl cıvıl. Ablalarım hemen işe koyuldular ve hepimizin giysilerini diktiler. Ama annem alınan her şeyi "Bayram sabahı giyersiniz," diyerek bohçalayıp kaldırdı. Önceden giyersek eskitirmişiz, oysa el öpmeye giderken pırıl pırıl olmamızı ister annem.

Bizim işimiz bitmiş, ama evin işi bitmemişti. Nazife ve Hatice Ablamla annem yine çarşılara inip erzak, şeker, çikolata aldı. Bu alışverişler bittiğinde arife günü gelip çatmıştı.

Arife günü sabahtan akşama kadar herkes yıkandı, daha önceden yıkanmış kilimler serildi, çarşaflar dürüldü, fazladan yataklar hazırlandı. Uzak yerden bayram ziyaretine gelenler bazen gece yatısına da kalırlar.

Bayram sabahı sevinçle yataktan fırladım, hava çok güzeldi, güneş pırıl pırıl parlıyordu. Hemen elimi yüzümü yıkadım, bir an önce giyinmek istiyordum, daha doğrusu o güzel, kırmızı ayakkabılarımı giymek istiyordum. Kaç gündür sabırsızlıkla bu anı beklemiştim. Gerçi elbisem de yeniydi (bayramda bizler tepeden tırnağa giydiriliriz, tüm ihtiyaçlarımız görülür, öbür bayrama kadar da alınanlarla idare ederiz) ama gözümü ayakkabılarımdan alamıyordum. Acaba nasıl duracak diye ayak ayak üstüne atıp oturdum, ayakkabılarımı seyrediyordum.

Tam o sırada Nazife Ablam girmez mi, ay nasıl utandım bilemezsin. Üstelik karşıdan nasıl görünüyor diye elimdeki aynayı tutarak bakıyordum. Ablam beni böyle elimde ayna, ayak ayak üstüne atmış yakalayınca, "Güzelsin kızım güzelsin, ama herkes babamın yanında, haberin olsun," diye bir de alay etmez mi... Yerin dibine geçtim. "Abla, ayakkabılarımın nasıl durduğunu görmek istedimdi," diye bir şeyler geveledim ağzımın içinde ve hemencecik babamların yanına koştum.

Herkes pek şıktı, hele Abdullah'ı görmeni isterdim. Zaten bana öyle geliyor ki, sen Abdullah'la iyi anlaşırsın. Sen muzipliklerden hoşlanıyorsun, o da muzibin biri. Ben size göre daha bir ağır kalıyorum, kim bilir belki de bu farklılık yüzünden birbirimizden bunca hoşlanıyoruz.

Evet, gelelim Abdullah'a, o dimdik, karmakarışık saçlarını ıslatıp iyice taramıştı, yalnız en tepedeki asi bir tutam saç yine de havadaydı. Her zaman böyle olur, ne zaman saçı taransa, tutam bir türlü yatmaz, bunu kendi de bilir. "O zekâ işaretidir," der pişkince. Lacivert takım elbisesinin içinde rahatsız bir küçük adam gibiydi. İkide bir yakasını çekiştiriyor, bir türlü alışamadığı boyunbağını gevşetmeye çalışıyordu. Bu bayram ona da çoktandır istediği çizgili kravat alınmıştı, fakat o bununla da yetinmemiş, ceketinin üst cebine kocaman bir mendil yerleştirmişti, mendil tavşan kulağı gibi aşağı doğru sarkıyordu. Bütün bu ufak tefek aksiliklere karşın Abdullah hayatından memnundu, kendini çok şık bulduğu ikide bir pencere camlarında görüntüsünü süzmesinden belli oluyordu.

Uzun kollu, uzun etekli gri bir elbise giymiş olan annem, başına benim çok sevdiğim, kenarı oyalı incecik başörtülerinden birini bağlamıştı. Ablalarımla Ahmet Ağabey de yeni giysiler içinde pırıl pırıldı. Kimse gelmeden aramızda bayramlaştık, önce babamla annemin elini öptük, sonra birbirimizle kucaklaşıp öpüştük. Böyle anlarda ben çok duygulanırım, aptal gibi hemen gözlerim dolar, oysa öbür kardeşlerim böyle saçmalıklar yapmazlar. Ama babamın da benim gibi duygulandığını seziyorum. Her eli öpüldüğünde gürültülü bir şekilde genzini temizleyip birazcık fazla yüksek bir sesle, "Çok yaşa, çok yaşa," der, duygulandığını saklamak istermişçesine. Allah bizi birbirimizden ayırmasın diye içimden dua ettim. Böyle ailemle birlikte olmak beni çok mutlu ediyor, ailemi dünyalara değişmem.

Az sonra amcalarım geldiler, babamı da alıp bayram namazına gittiler. Namazdan sonra da bahçede kurbanlar kesildi. İşte ben buna bir türlü alışamıyorum, onun için kurban kesilirken bahçeye gitmem. Annem, "Günahtır, kitabımız böyle emretmiş," diyorsa da elimde değil, kurbanlıklara acıyorum. Onun için de kurbanlık koyun alınınca ne yanına giderim, ne bir şey, alışmayayım diye.

Babam kurbanlarımızı hep Mustafa Amcama kestirir, çok titizdir bu konuda. "Ne bileyim elin kasabı abdestli mi namazlı mı?" der. Mustafa Amcam kurban kesmeden önce mutlak abdest alıp iki rekât namaz kılar, sonra kurban dağıtımını da iyi bilir. Evine hiç et girmeyenlere ve çocuklu olanlara daha çok, az buçuk et yiyebilenlerle, çocuksuzlara daha az et verir. Bunlar dağıtıldıktan sonra da kalan etlerle bahçede kavurma yapıldı. İşçilere, komşulara bir bayram yemeği verildi. Kavurma ete bayılırım, sen de sever misin? Hepimiz tıka basa kavurma yiyip ayran içtik. Yemekten sonra Kur'an okundu. Kur'an okunurken Abdullah kıpırdanıp duruyordu, sonunda annem yavaşça arkadan geldi, onu kolundan tutup bir güzel sarstı; öyle de öfkeli bakıyordu ki, Abdullah dua sona erene dek put gibi oturdu.

Bayram ziyaretleri iki gün sürdü. Hastalara, aile büyüklerine ve mezarlığa gittik. Babaannemler Yalınayak köyünde otururlar, bize yakın. Biz gittik, bir de ne görelim, tüm amcalarım da aynı zamanda gelmemişler mi?.. Düşün, babamlar zaten beş kardeş, bir de yengelerim ve çocukları... Şerafettin Amcamın sekiz çocuğu var, öbür amcalarımdan birinin altı, bir diğerinin beş, biz de beş kardeşiz, en az çocuk Mustafa Amcamda, onun da üç çocuğu var. Böyle hep bir anda orada buluşunca, bir kahkahadır koptu. Babaannem, "Şöyle teker teker gelseydiniz olmaz mıydı? Evi göçerteceksiniz," dedi, ama çok mutlu olduğu her halinden belliydi. Biz de elini öptük, mendil içinde harçlıklarımızı aldık, şeker yedik. Abdullah'ta hiç utanma yok, harçlığı alır almaz bahçeye fırladı, diğer erkek çocukların yanına. Yengelerim birkaç kez onları uyarmak zorunda kaldılar, öylesine gürültü yapıyorlardı.

Bayramın üçüncü günü ve dördüncü günü sabahı evde oturup konukları ağırladık. Pisboğaz Abdullah'ın hem her gittiği yerde verilenleri, hem de evde sanki kendisi konukmuşçasına durmadan şeker ve abur cubur yediğinden bağırsakları bozuldu. İkide bir, "Of anam," diye fırlayıp kendini tuvalete zor atıyordu. Annem ise onun bu haline gülüp, "A benim akılsız oğlum, anan sana ne etsin? Boşuna dememişler, 'Sofra elinse mide senin,'" diyordu. Hatice Ablam ona nane limon kaynattı da birazcık kendine gelebildi.

Bayramın son günü öğleden sonra da lunaparka gittik ve çok eğlendik.

İşte Nilgüncüğüm, haberler böyle. Artık gelecek bayrama kadar sakin yaşamımıza devam edeceğiz; derslerimize çalışıp ev işlerine bakacağız.

Sevgiler
Şerife

Not: Nilgüncüğüm, mutfakta bir ara anneme yardım ediyordum, bir yandan da konuşuyorduk. "Anne," dedim, "bayram ne güzel geçti, keşke her gün bayram olsa."

"İnsan her gün baklava yerse bıkarmış kızım."

"İstediğim her şey vardı da, tek eksik Nilgün'dü. Ne olurdu o da burada olsaydı, bayramı birlikte geçirseydik. Bir ara aklıma ne geldi biliyor musun, anne?"

"Ne geldi?"

"Acaba yazsam, bayram için annesi babası onu bize yollar mı, diye düşündüm. O sana yazsa, beni gönderir miydin?"

"Bunun cevabını senin daha iyi bilmen gerek."

"Yani yollamazdınız."

"Tabii değil mi ya, hiç bilmediğimiz yere seni nasıl yollarız? Aklına neler de geliyor a kızım. Olacak iş mi?"

"İşte beni üzen de bu ya, Nilgün'le buluşmamız olmayacak iş. Oysa en sevdiğim arkadaşım o."

"Üzülme yavrum, dağ dağa kavuşmaz, insan insana kavuşur."'

Ne küçük bir umut, değil mi, Nilgüncüğüm?

12 Kasım

Şerifeciğim,

Bayram tebriklerine teşekkür ederim, ben de senin, annenin, babanın ve kardeşlerinin bayramlarını kutlarım. Seninki tam bayram olmuş. Biz de burada anneannemlere, babaannemlere ve diğer birkaç aile büyüğüne gittik. Büyük kentlerde bayramlaşmak güç oluyor galiba, sana imrendim.

Şerifecik, mektubunun not bölümünde yazdıklarında ne kadar haklısın, yani annenler nasıl seni bırakmazlarsa, bizimkilerin de beni bırakacaklarını hiç sanmam. Keşke dediğin gibi olsaydı, keşke bayramda size gelebilseydim... Ben de dedemle seni konuşmuştum, biliyor musun, bu durumda bize yardımcı olabilecek tek kişi dedem. Neyse hayalleri bırakalım da haberlere gelelim.

Efendim, ben Kitaplık Kolu seçildim. Sabahat Öğretmen, "Sınıfımızın en çok okuyan ve kitaplar hakkında en fazla bilgisi olanını Kitaplık Kolu seçelim," deyince tüm sınıf, "Nilgün, Nilgün," diye bağırdı. Sabahat Öğretmen de, "Evet çocuklar, ben de onu düşünüyordum zaten," dedi ve böylece Kitaplık Kolu oldum. Herkes memnundu, tabii o ukala Mânâ ile Serap'tan başka. Hele Mânâ... (Sana daha önce onlardan söz etmemiştim sanırım, neyse bir şey kaybetmiş sayılmazsın.) Zaten hiç sesini çıkarmayışından anladım. Teneffüste yanından geçerken, "Sabahtan akşama dek okuyup da ne olacak, âlim mi olacağız?" demez mi!.. Tabii anladığın gibi bana laf atıyor. Ben de hiç laf altında kalır mıyım? "Alim olamazsın belki, ama en azından cahil kalmazsın," deyiverdim. Zaten o sadece resimli roman okur, fındık kafası o kadarını alıyor. Hemen Serap'ın koluna girerek, "Haydi gidelim buradan, kendini beğenmişlere tahammülüm yok," dedi. Ben de, "Güle güle git, benim de kıskançlara tahammülüm yok," dedim. İyi dememiş miyim? Zaten o Mânâ'ya çok kızıyorum, öyle sinir ki... Ben kiminle arkadaşlık etsem, hemen ona yaklaşıyor, bir ahbaplık, bir ahbaplık, sanki beni kıskandıracak, tabii eninde sonunda yine Serap'a kalıyor. Serap da ayrı bir âlem. İşi gücü ayna karşısında, "Acaba saçımı böyle mi tarasam? Acaba bana şu şekil mi yakışıyor?" demek. Ben de bir gün dayanamadım, "Saçlarını sıfır numara ustura ettir de, sen de rahat et, biz de," dedim. O gün bugündür o da bana düşman. İkisi de bir olup bana laf sokma yarışındalar. Akşam evde, olanları anneme anlattığımda, annem davranışımı pek beğenmediğini söyledi. Arkadaşlarımın davranışlarının nedenlerini araştırıp onlara ona göre davranmalıymışım, çünkü iyi bir çocuk böyle hareket etmezmiş. İlahi, şu annem de ömür, ben doktor olmak istiyorum dediysem, ruh doktoru olacağım demedim ya. Ama bana 'haksızsın' da diyemedi. Sadece, "Aşkolsun Mânâ, böyle bir sözü sana yakıştıramadım," diyerek onu utandırmalıymışım. Serap'a da, "Saçların güzel, ama biz yaştaki çocuklar için daha önemlisi kafamızın içindeki bilgileri artırıp kendimizi yetiştirmemiz," demeliymişim.

İşin aslını biliyorum. Kitaplık Kolu'nda Mânâ'nın gözü vardı, ben seçilince bozuldu. Hem derslerine çalışmaz, hem eline doğru dürüst tek bir kitap almaz, hem de bunları yapanlara kızar, gel de çık işin içinden. Oh, diyeceğimi dedim ya! Eğer onun ağzının payını vermeseydim, eminim bu gece hırsımdan uyuyamazdım. Nazife Ablanı çok iyi anlıyorum, keşke içinden geçenleri Zarife'ye söyleseymiş. Öff... Yine de anneme sabırlı olacağıma ve onlara uymayacağıma dair söz verdim. Dur bakalım ne zaman patlayacağım!

Yarın sınıf kitaplığını düzenleyeceğim. Kitapları alfabetik sıraya sokup numaralamayı düşünüyorum. Ama daha önce, arkadaşlardan kitap getirmelerini isteyeceğim. Herkes bir kitap getirse, kitaplığımız iyice zenginleşecek. Yıpranmamış olması koşuluyla kendi kitaplarından birini de verebilirler. Böylelikle sınıf kitaplığından yararlanarak hepimiz dilediğimiz kadar okuyabiliriz. Ben şimdi *Küçük Kadınlar*'ı okuyorum, sen okudun mı? Çok tatlı bir kitap.

Bu hafta sonu çok güzel geçti. Pazar günü annem, Defne'yle beni Atatürk Kültür Merkezi'ne götürdü. Her tarafı cam, şıkır şıkır bir bina. Girişte çocuk fotoğrafları sergisi varmış. Piyes saat üçte başlayacaktı, ama annem sergiyi gezelim diye bizi ikide oraya götürdü. Fotoğrafların içinde çok güzelleri vardı. Defne rengârenk balonlara bakan bir çocuğun fotoğrafının önünden ayrılmadı. Ama balonlar da çok güzeldi doğrusu. Sonra çiçek sergisine geçtik. Renk renk, çeşit çeşit, bilmediğimiz bir dolu çiçek, üzerlerine Latince adları yazılmış! Hep aklıma sen geldin. Her iki sergi de seni çok ilgilendirirdi eminim. Sonunda ziller çaldı, biz de yerimize geçtik. *Pofla Paf* diye müzikli bir çocuk piyesi oynuyordu. Tam Defne yaşındakiler içindi, ama ben de zevkle seyrettim. Sahne kocaman, dekorlar görkemliydi ve müzik. Minicik balerinler bembeyaz giysileri içinde kelebekler gibi dans ediyorlardı. Pof ve Paf adlı iki küçük kızın Periler Kraliçesi tarafından insanlara iyilik yapmak üzere görevlendirilmesi ve başlarından geçenler anlatılıyordu. Tabii tüm bunlar düşmüş, iki küçük kız düş görmüşler. Renkler, müzik, danslar çok güzeldi. Piyes bitti, Defne yerinden kalkmaz, ille, ben yine seyredeceğim, der. Ona piyesin bittiğini anlatana kadar salon boşaldı. Işıklar sönmeye başladı da sonunda bu gerçeği kabullendi.

Oradan Hilton Oteli'ne çaya gittik, annemin bir arkadaşı da gelmişti. Annem arkadaşıyla çene çalarken, biz de Defne'yle butikleri gezdik. Tam lobide dolaşırken, bir de ne göreyim? Sezen Aksu. Bizim Defne, Sezen Aksu'ya bayılır. "Defne, bak Sezen Aksu, haydi gidip imzasını alalım," dedim. Önce bir gözleri parladı, sonra utangaçlığı tuttu. Gitmem de gitmem. Onun üzerine ben fırlayıp yanına gittim. "Afedersiniz, acaba kardeşimle bana bir imza verebilir misiniz? Biz iki kardeş sizin şarkılarınızı çok beğeniyoruz," dedim. Bu cesareti nasıl kendimde buldum, hâlâ şaşıyorum. Çok tatlı bir insan, çok da alçakgönüllü. Gülümseyerek, "Memnuniyetle," dedi. Hay Allah, yanımda da ne kâğıt var, ne kalem. "Bir dakika lütfen," dedim, sonra da Defne'ye, "Buradan bir yere ayrılma, şimdi geliyorum," diye fısıldadım. Bir şeyler söyleyecek oldu, ona öyle bir baktım ki, kızcağızın gıkı çıkmadı. Bir koşu masaya gidip bir peçete kapıp getirdim, Sezen Aksu da kalemini çıkarmış, beni bekliyordu. "Adlarınız ne?" diye sordu. "Defne ve Nilgün," dedim. "Defne ve Nilgün kardeşlere mutluluk dilekleriyle, Sevgiler" diye yazıp imzasını attı. Ben de ciddiyetle teşekkür ederek kâğıt peçetemi aldım. Bütün bu arada Defne bir köşeye büzülmüş, ha ağladı, ha ağlayacak. Oysa bu imzayı asıl o memnun olsun diye aldım. Neyse elinden tutup muzaffer bir kumandan edasıyla masamıza döndüm. Zaten pastalarımız da gelmişti. Benimki çilekli, Defneninki çikolatalıydı; ömrüm boyunca çilekli pasta yesem doyamam. Annem, "Ne oluyor, gidip geliyorsunuz?" deyince küçük serüvenimizi anlattım, gülüştüler. Az sonra da babam bizi almaya geldi. İşte böyle, ne eğlenceli, değil mi?

Annem, "Haydi yataklara," diye sesleniyor, iyi geceler Şerifeciğim.

Bir ünlüyle konuştuğuna göre,
artık kendi de ünlü (!) sayılan
arkadaşın
Nilgün

20 Kasım

Sevgili Nilgüncüğüm,

Ne güzel bir rastlantı... Ben de çok eğlenceli bir cumartesi geçirdim. Hatice Ablamla alışveriş için kente inelim dedik. Babam da iniyormuş, yalnız şu ara bahçede ilaçlama olduğu için bizi yarı yola kadar götürebildi. "Saat beşte pastanede buluşur, bir güzel çay içer, sonra da eve döneriz. Ne dersiniz, kızlar?" dedi. Biz de, "Çok iyi olur, babacığım," dedik ve arabadan indik. Babam tangır tungur öten pikap arabasıyla tozu dumana katarak uzaklaşırken, biz de oradan geçen bir minibüse bindik. Aman Allahım, o ne biçim bir araçtı öyle... Herhalde milat öncesinden kalmaydı. Bir kez arabanın her yeri ayrı bir ses çıkarıyordu, üstelik zemini de delikti, yerler görünüyordu. Biz deliğe bakıp kıkırdaşınca, sürücümüz, "Ne gülüyorsunuz, kızlar? O havalandırma aygıtı," dedi. Alem bir adam, tıpkı arabası gibi. Camlar iplerle tutturulmuş, ipi çektin mi cam açılıyor, bıraktın mı pat diye düşüyor. Radyo yerinden birtakım teller sallanıyordu, şoför iki teli birleştirdi, radyo bir avaz çalmaya başladı. Biz yine gülüşünce, adam bu kez, "Tam otomatik," dedi. Silkelene silkelene ilerliyorduk. Huysuz bir araba. Yolda bir yolcu işaret etti. Almak için durduk, durduk ya bu kez de kalkmaz. Adamcağız çıktı, arabanın ön kapağını kaldırdı, bir şeyler yaptı, yok çalışmıyor. Biz bu arada gülmekten öleceğiz, insan bir de kendini tutmaya çalıştı mı, büsbütün gülesi geliyor. Bu hengâmeyi tamamlamak istermişçesine, radyo sonuna kadar açık, dilini yutacakmış gibi heyecanla konuşan spiker, futbol maçını veriyor. "Ahmet koştu, koştu," diyor, rastlantı bu ya, aynı anda bizim zavallı sürücü de arabanın çevresinde dönüyor, koşuyor, yok ön kapak, yok lastikler... Spiker, "Hasan topu kesti," diyor. Biz pek futboldan anlamayız, sinirlerimiz de bozulmuş ya bir kez. "Hasan topu kestiğine göre artık top oynayamazlar," diyoruz ve bu pek budalaca şakamıza katılarak gülüyoruz, yanaklarımızdan yaşlar iniyor. Bu arada araba hâlâ çalışmıyor, şoför kan ter içinde, "İnadı tuttu meredin," diyor, bu kez de eline bir hortum alıp bir yerden bir şeyler emiyor, tükürüyor ve... araba çalışıyor. Haydi yine silkelene silkelene kente varıyoruz en sonunda. Ömrümde bu kadar güldüğümü anımsamıyorum.

Hatice Ablamla çarşıları gezdik, okul için gerekli bazı şeyler vardı, onları aldık. Kuyumcuların vitrinlerindeki altın bileziklere, zincirlere, minicik küpelere sanki alacakmış gibi baktık, daha sonra giysi satan dükkânların vitrinlerini seyrettik. Hatice Ablam kendisi için bir şeyler almak istiyordu fakat o ne pahalılık. Bir takım beğendi, yanına yanaşılır gibi değil. Oysa bir etek, bir bluz, bir de örgü yelekten oluşan bir takım. "Ne kadar pahalı, Hatice Abla," dedim. Hatice Ablam dalgın dalgın, "Evet ama çok basit bir model. Ben nasıl olsa evde bunun patronunu çıkarır dikerim de yeleğin örgüsünü çözmeye çalışıyorum," dedi.

"Abla, dikiş bilmen ne iyi. Bir kumaş parasıyla kurtuluyorsun. Bana ne zaman öğreteceksiniz? Ben de seninle Nazife Ablam gibi kendi dikişlerimi kendim dikmek istiyorum. Bu pahalılıkta babama yardım olur."

Hatice Ablam gülümseyerek bana baktı. "Tabii haklısın, zaten daha geçen gün annem bize, 'Kızlar, Şerife'ye ne zaman dikiş öğreteceksiniz?' dedi de biz de bu yaz yaylada öğretmeye niyetli olduğumuzu söyledik. Şimdi ancak derslerini yapıyorsun, boş kaldığında da elindeki tığ işini bitirsen yeter."

"Bitiririm abla, biliyorsun annem otururken ellerimiz boş kaldı mı ne kadar kızıyor. Onun için o tığ işini ister istemez bitireceğim."

"Ne o, yoksa tığ işini sevmiyor musun?"

"Seviyorum da annem hep sabunluk yaptırıyor, bıktım. Daha başka şeyler yapmak, örgü örmek istiyorum."

"Evet, ama en basitini doğru dürüst yapamazsan, öteki işler de uydurma olur, onun için sabret, annem beğenene dek sabunlukları yap. O, tamam dedi mi bil ki, tığı da, örgüyü de çok güzel yapıyorsun, işin ustası olmuşsun."

Saat beşte babamla pastanede buluştuk. Önce bir süre garsonun gelmesini bekledik, sonunda on yedi yaşlarında cılız bir çocuk belirdi. Babam çayları söyledi, yanında da pasta ısmarladı. Garson, "Pastaları gelin gösterin," deyince kalkıp gittik, ben çikolatalı bir pasta istedim. Hatice Ablam da başka bir tane gösterdi. Garson, "Bu mu?" dedi. Hatice Ablam da, "Evet," dedikten sonra yerimize geçtik, başladık beklemeye. Ne gelen var, ne giden. Babam seslendi, "Oğlum, nerede kaldı bizim pastalar?" Sesinden kızmaya başladığı belli oluyordu. "Geliyor efendim," diyerek delikanlı belirdi. Benim pastam tamamdı da, Hatice Ablamınkine gülmekten öldüm. Acemi garson yanlış anlamış, hani o minicik pastalardan var ya, onlardan tam bir taneyi kocaman bir tabağın içine koymuş getirmiş. Babam, "Bu ne?" diye gürledi. Oğlan yüzünde aptal bir ifadeyle, "Pasta," deyince babam büsbütün kızdı. "Oğlum, kör değilim, görüyorum, ama o minicik şey de neyin nesi oluyor? Hatice kızım, sen bunu mu ısmarladın?"

"Ben o ufacık pastaların yanındaki kremalıyı istemiştim," dedi Hatice Ablam. Garson özür dileyerek, cim karnında bir nokta gibi duran pastayı alıp götürdü. Pastalar tamamdı da bu kez çatal bıçak yoktu. Babam yine seslendi,

"Oğlum, elimizle mi yiyeceğiz? Çatal getir." Sonra da bize dönerek, "Tamam, söylemedim diye şimdi de ister misin üç kişiye sadece bir çatal getirsin..." dedi, ama neyse çocuk üç çatal, üç bıçak getirdi.

"Aferin oğlum, aferin," dedi babam. "Adam olacaksın sen. Şimdi bir becerir de şu bizim çayları da getiriverirsen, keyfimize diyecek olmaz." Bize de yan yan bakıp göz etti. Çaylarımız da gelince, gerçekten keyfimiz yerine gelmiş olarak pastalarımızı yedik. Parayı öderken babam, "Oğlum, sizin servis niye bu kadar hızlı?" diye sorunca zavallı çocuk anlattı. Meğerse o gün bir aksilik olmuş, tüm pastanenin işi o çocuğa kalmış. Kasa, servis, her şeyi tek başına yapıyormuş. Tabii buna acemilik de eklenince, her şeyi arapsaçına çevirivermiş. Serüvenlerimiz bitti sanırken meğerse bitmemiş. Evin önüne gelince baktık, evde bir telaş, bir telaş. Annem pencereleri açmış, Nazife Ablamla Ahmet Ağabeyim oradan oraya koşuşturuyorlar, evin içi duman. Babam, "Hayırdır inşallah, ne var, ne oluyor?" deyince annem, "Efendi, yine Abdullah'ın marifeti! Ben güne gitmiştim, ablaları da yoktu. Eve gelip kimseyi bulamayınca, oturup ders çalışacağına, maytap yakmış, evin içinde çatapat patlatmış, koltuk örtüleri delik deşik olmuş. Her taraf duman içindeydi, yangın çıkmadığı ne devlet," diye bir solukta olanları anlattı.

Yaa Nilgüncüğüm, benim cumartesi de böyle geçti. Benimki de bir başka eğlenceli, değil mi?

Sevgiler

Şerife

1 Aralık

Sevgili Şerifeciğim,

Sana yazmakta yine geciktim. Dersler, Kitaplık Kolu için yaptığım çalışmalar derken günler geçti. Bir işi üzerime aldım mı, en iyi şekilde yapmak istiyorum. Babamın bir sözü vardır, "Ayakkabı boyacısı olabilirsin, yeter ki en iyisi olmaya bak," der. Kitapları azıcık düzene soktum. Arkadaşlar birer ikişer kitap getiriyorlar, onları numaralayıp yerleştiriyorum. Ayrıca şöyle bir fikrim var. Bunu da sınıfa önereceğim, bakalım ne diyecekler? Bazen boş saatler oluyor, bazen de hava çok yağmurlu ya da soğuk oluyor. Bir şeyler yemek için bile dışarı çıkamıyoruz. O zamanı kitap okuma saati yapsak, isteyenlerle sınıfta bir kitabı alsak, yüksek sesle sırayla okusak ya da herkes bir karakteri seçip onu okusa... Kitap bitince de yapıtı tartışsak. Kitaplarımızı hem Türk hem dünya klasiklerinden seçsek. Örneğin, *Dede Korkut Masalları*'ndan örnekler okuyabiliriz. Sonra *Heidi* ya da *Pollyanna*'yı işleyebiliriz. Bakalım ne diyecekler?

Sana anlatmak istediğim bir şey var, daha doğrusu seninle paylaşmak istediğim bir olay var. On, on beş gün kadar önceydi. Okula giderken, kitapçıların birinin vitrininde nefis bir sarı köpek gördüm. Görseydin Şerifeciğim, ne tatlıydı ne tatlı.

Sapsarı uzun tüyleri, şirin mi şirin gözleri, pespembe bir dili, boynunda da kırmızı bir madalyonu vardı. Öylece orada kalakalmışım. Bir süre seyrettikten sonra yoluma devam ettim. O günden sonra her geliş gidişimde kitapçının önünde durup sarı köpeği seyrediyordum. Seyrettikçe de, o sanki bana gülümsüyor, "Beni kucağına al, sev," diyordu. Onun ders çalışırken masamın üstünde, televizyon seyrederken kucağımda olduğunu düşlüyordum.

Bir gün içeri girip fiyatını sordum. Çok pahalıydı, ama bir türlü ondan vazgeçemiyordum. Sonunda konuyu anneme açmaya karar verdim. "Anneciğim, bir dükkânda oyuncak bir köpek gördüm. Çok çok beğendim. Acaba alabilir miyiz?" Bu sözler hissettiklerimin yanında ne kadar hafif kalıyordu. Annem güldü. "İlahi Nilgün, Defne istese haydi neyse, sen kocaman kız oldun, hâlâ oyuncak mı istiyorsun?"

"Ama anneciğim, öyle tatlı ki günlerdir aklımdan çıkmıyor. Siz de görseniz bayılırsınız."

"İyi ama kızım, bir sürü oyuncak kedin, köpeğin var. Bir tane daha almanın ne anlamı var?"

"Anneciğim..."

"Fiyatını sordun mu?"

"Sordum anneciğim. Epey pahalı. İşte size söylemeden önce beni uzun uzun düşündüren de bu oldu ya. Ama ben düşündüm, biriktirdiğim harçlıklarım var. Bayramda alacaklarımı da üstüne koyarsam, kendim alabilirim. Size yük olmam."

"Kızım, sorun senin ya da bizim ödememiz değil. Senin parana da yazık. Harçlıklarını daha yararlı şeylere harcamalısın. Sonuçta o bir oyuncak, bir iki kez oynadıktan sonra bıkacaksın, o da bir köşede ötekilerle birlikte kalacak."

Ne diyeyim, annem haklıydı. Kafam anneme hak veriyor, öte yandan içim gidiyordu. Gözlerimin yandığını hissettim, ağlamamak için kendimi güç tuttum.

Aradan birkaç gün geçti. Ben yine her gün gelip gidip hüzünle köpeğime bakıyordum. Olanları anlamışçasına o da bana üzüntü içinde bakıyor gibi geliyordu.

Bir gün ders çalışırken, annem odama girdi. "Nilgün, galiba o senin köpeği gördüm. Boynunda kırmızı bir madalyonu var mıydı?" dedi.

"Evet, anneciğim." Yoksa bir umut ışığı mı beliriyordu?

"Ben de bayıldım, pek şirin şey. Sonra düşündüm, sen akıllı ve çok çalışkan bir kızsın. Eh, son çocukluk günlerini yaşadığına göre, alalım da aklın kalmasın," derken gülüyordu. Nasıl iskemleden fırlayıp boynuna atıldım bilemezsin. Yanaklarından öptüm. "Canım anneciğim, çok çok teşekkür ederim. Onu çok sevdim, dünyanın en tatlı oyuncağı. Başka da oyuncak istemem, söz."

"Peki, peki. Hafta sonunda birlikte gider, alırız. Haydi şimdi sen dersine, ben mutfağa," diyerek annem odadan çıktı.

O kadar sevinçliydim ki, bir süre ders çalışamadım. Ertesi gün yine o vitrinin önünde durdum. Bu kez sarı köpek bana gülümsüyordu sanki, o da benim gibi mutluydu. "Birlikte olmamıza az kaldı tatlım," diyerek sevinçle okulun yolunu tuttum. Günlerden salıydı. "Aman Tanrım, cumartesiye kadar bir aksilik olmasa," diye dua ediyordum.

Sonunda cumartesi geldi, çattı. Büyük gün! Sabah banyolarımızı yaptık, biraz ödev yaptım ama içim içime sığmıyor, yerimde duramıyordum. Gözüm hep saatteydi. Tanrım bana ne olmuştu böyle? Bu kadarı da fazlaydı, ama elimde değil, o köpeğe bayılmıştım. Neyse, sonunda annemle sokağa çıkabildik. El ele neşeyle kitapçının olduğu yere hızlı hızlı yürüdük. Dükkâna varmıştık. Vitrini yine renk renk kalemler, kitaplar süslüyordu. Ama benim köpeğim yoktu. Yoktu! Yeri bomboştu! Birden kalbim duracak gibi oldu. Annem de şaşırmıştı. Bir an yüzüme bakıp, "Haydi içeri girip soralım," dedi. İçeri girdik, annem, "Vitrinde bir sarı köpek vardı. Onu almak istiyoruz," dedi. Satıcı, "Özür dilerim efendim, az önce satıldı," diye cevap verince, dünya başıma yıkıldı sandım. Onca bekleyiş, onca umut boşa gitmişti. Hiç sesim çıkmıyordu. Kim bilir yüzüm ne hale gelmişti ki, annem de üzülmüştü.

"Peki, başka bir tane yok mu?"

"Ne yazık ki efendim, o tekti."

"Hay Allah, ne aksilik!" Annemin sesi bozuktu, yavaşça elimden tuttu. "Gel yavrum, belki daha sonra yine getirirler. Gelince de hemen alırız." Sokağa çıktık, boğazımda bir yumruk vardı, konuşamıyordum. Konuşursam, sesimin çatlayacağından, daha kötüsü hıçkırıklara boğulacağımdan korkuyordum. Sokağın aydınlığı gözümü acıtıyordu.

Annemle bir süre yine el ele, sessizce yürüdük, sonra annem beni bir pastaneye götürdü, en sevdiğim çilekli pastayı ısmarladı. "Buradan çıkınca gider, sana birkaç kitap alırız. İstersen sinemaya gideriz, yavrucuğum," diyordu, sesi uzaklardan gelir gibiydi. Zavallıcık, o da çok üzülmüş, bir ölçüde de kendini suçlamıştı anlaşılan. Daha önce 'evet' deseydi, sarı köpeği alabilecektik. Ama onun da zamanı yoktu, çalışıyordu. Hafta sonları serbestti ancak. İşte böylece eve döndük. Günler geçti, ben de kendimi Kitaplık Kolu işlerine verdim. Büyük romancıların deyişiyle, "yaram küllendi."

Bu hafta okuldan döndüğüm bir gün baktım, evde anneannem. Çok sevindim, boynuna sarılıp öptüm. Anneannemi çok severim. Gece bizde yemeğe kalacakmış, bana çok şık bir yelek örmüş. Zaten her zaman bizlere bir şeyler örer, diker ya da alır. Sonra paketleri açışımızı, gözleri keyiften ışıldayarak seyreder. Yeni yeleğime bayıldım, ona teşekkür ettim. Anneannem çay koymaya giderken sordum. "Dedem nerede?"

"Deden Defne'yi alıp şöyle bir dolaşmaya çıktı. Ben de seni beklemek için evde kaldım. Şimdi bir çay yapalım da annen geldiğinde hazır olsun."

Dedemi de çok severim. Dedeler şahıdır. Bizi bir şımartır ki... Annemle babam bu işe biraz bozulurlar, ama bir şey diyemezler. Öte yandan annem tarafından konan kesin programımızı bozan şeyler yapması sayesinde, ömür boyu unutamayacağımız anılara sahip olmamızı sağlamıştır dedem. Örneğin, onlarda kalırken, bir sabah saat beşte gelip beni uyandırmış, alçak sesle, "Yavaş ol, Nilgün, baksana ne göstereceğim," demişti. Sabahlığımı ve terliklerimi giymeme yardım etmişti, sonra da el ele balkona çıkmıştık.

"Bak güneş doğuyor. Bu, doğanın en güzel görüntülerinden biridir, onun için görmeni istedim. Şimdi şuraya oturup güneşin doğuşunu seyredelim," diyerek beni kucağına oturtmuştu. Dedemin kucağında yaşadığım o anın güzelliğini sana anlatamam. Kıpkızıl bir güneşin, tepelerin ardından belirmesi, karanlıkların önce alacakaranlığa sonra aydınlığa dönüşmesi... Sabahın sessizliği içinde kuşların cıvıltısı... Yaprakların üzerinde pırıldayan çiğ damlacıkları... Sonra sıcak bir yaz günü, hepimiz terlerken, dedemin eline hortumu alıp bizleri tepeden tırnağa bir güzel yıkaması... Annem, "Baba, hasta olacaklar," derken, dedem, "Sen kendine bak. Onlar ne güzel ferahlıyorlar, değil mi şeytanın sol bacakları?" diye bizim keyifli çığlıklarımız arasında, suları hortumla şakır şakır akıtmaya devam edişi... İşte daha böyle neler neler...

Kapı çalındı, gelen annemdi. Anneannemi ve beni öptükten sonra çantasını masanın üstüne atıp kendini koltuğa bıraktı. "Of, çok yoruldum bugün. Babam nerede?"

"Defne'yle dolaşmaya çıktılar. Tam vaktinde geldin, çayı demliyordum, gelirken yol üstünden simit de aldım. Evde kaşar peyniriniz var mı?"

"Var, var, yaşşa anneanneciğim!" Çayla simit ve kaşara ailece bayılırız.

Tekrar kapı çalındı, annem fırlayıp kapıya gitti. Dedemle Defne'nin sesi anneminkini bastırıyordu. Defne yüksek sesle, "Anneciğim, bak dedem bana ne aldı," diyordu. Annemin sesi, "Aa, ne güzel yavrucuğum, güle güle kullan. Dedene teşekkür ettin mi?" Dedemin sesi, "Hem de yol boyu. Bu bastıbacak da böyle şeyleri ne zaman görür, bilmem!" Bayağı meraklanmıştım, Defne'ye ne almıştı dedem? Koşarak antreye gittim. Defne'nin yüzü ışık saçıyordu. Kucağında, sevgiyle bağrına bastığı bir oyuncak köpek vardı. Benim sarı köpeğim! "Bak Nilgün bak. Dedem bana ne aldı."

Annemle göz göze geldik. Annemin sesinin ne diye böyle keyifsiz çıktığını şimdi anlıyordum. O da benim gibi sevinmek ve üzülmek arasında kalmıştı.

"Çok güzel canım. Güle güle oyna," dedim ve mutfağa kaçtım. Gözlerim adamakıllı yanıyordu. Ağlıyordum herhalde. Orada çay bardaklarını tepsiye yerleştirerek, çayları döke saça koyarak bir süre oyalandım, sonra yavaşça banyoya geçip yüzümü yıkadım. Ne denli üzüldüğümü Defne bilmemeliydi. Buna hakkım yoktu, onun sevincini, keyfini bozmaya da hakkım yoktu. Çayları içeri getirdiğimde, annemden başka kimse yokluğumu fark etmemişti. Dedem oturduğu köşeden, "Ne haber, hafız?" dedi. Çok okuduğum için dedem bana "hafız" der. Bir yandan da dizini işaret ediyordu, hemen gidip kucağına oturdum. Simitlerimizi yiyip çaylarımızı içtik. Babam gelene kadar da hep birlikte ordan burdan konuştuk.

Yaa Şerifeciğim, işte böyle. Aradan birkaç gün geçtikten sonra bu olayı daha sakin bir biçimde inceleyebildim. Burada tek avuntum, olayların bana bir şeyler öğretmiş olması. Demek her zaman her istediğimiz bizim olmayabiliyormuş. İlerideki yaşamım için bu büyük deneyim oldu bana. Bu arada Defne'ye hiçbir şey belli etmedim, onunla birlikte sarı köpekle oynadım, sevincini paylaştım. Hiç yoktan iyidir, sarı köpek yine bizim evimizde ya, ha kardeşimin, ha benim, diye düşündüm ve kısa sürede rahatladım. Bundan böyle bir şeyi isteyince, dedemin dediği gibi, "Olursa ne âlâ, olmazsa pekâlâ," diye baştan kabulleneceğim. Elimden geleni yapıp gerisine üzülmeyeceğim.

Artık büyümüş olan arkadaşın
Nilgün

4 Aralık

Sevgili Nilgüncük,

Seninle gurur duyuyorum. Her olaydan kendine bir ders çıkarıyor, bir şeyler öğreniyorsun. Ne mutlu sana!

Sıkı dur, sana müthiş bir haberim var. Nazife Ablam üniversiteye gitmeye karar verdi. Zarife'yle yaptığı o tartışmadan bu yana çok durgun ve keyifsizdi. Sonra ondaki değişiklik bu kadarla da kalmadı. Akşamları bizimle televizyon seyredip şakalaşacağına odasına kapanıyor, geç saatlere kadar ışığı yanıyordu. Oysa en bayıldığı şey, kucağına fındık, fıstık, leblebi, kuru üzüm doldurup bunları yiyerek televizyon seyretmek, arada bir de Abdullah'ın kafasına leblebi atmaktı. Eğer Abdullah kendini filme çok kaptırmışsa, buna çok kızar, bir hışım ablamın üzerine saldırır, onun bu haline kahkahalarla gülen Nazife Ablamla boğuşmaya başlardı. Tabii bütün bunlar babam yoksa olurdu. Sonunda annem araya girer, "Ayıp ayıp, koca kız, küçücük çocukla uğraşmaya utanmıyor musun? Hem hani senin örgün, böyle elin boş mu oturuyorsun? Muzırlık yapmandan belli elinin boş olduğu. Abdullah, sen de otur yerine bakayım, insan ablasına öyle saldırır mı?" diye ikisini de bir güzel paylardı.

Geçen gün babam bahçeden gelmişti, iyice yorgundu. Limonda ikinci makasa geçilmiş, bütün gün limon kesen işçilerin başını beklemişti. Babama kahvesini getiren annem de eline örgüsünü almış, bir yandan örüyor, bir yandan da Sacide Teyzenin gününde ikram edilenleri, konuşulanları anlatıyordu. Az sonra Nazife içeri girdi, işten gelmiş, üstünü değişmiş, uzun basma ev eteğini giymiş, eline de örgüsünü almıştı. Annem ona şöyle bir bakıp, "Hangi dağda kurt öldü," dedi. "Anacığım, bilirsin, ben boş durmasını hiç sevmem." Nazife Ablam muzip muzip gülümsüyordu, annem de dayanamayıp güldü ve babamla konuşmaya devam etti. Ben de bir köşede derslerime çalışıyordum. Bir süre sonra Nazife Ablam, "Baba, sana bir diyeceğim var," dedi.

"Söyle bakalım, yoksa şef mi oluyorsun?"

"Yok canım, o da nereden çıktı? Hem diyeceğim işimle ilgili değil."

"Pekâlâ, geveleme de çıkar baklayı ağzından."

Annem de elindeki örgüyü kucağına bırakmış, "Tevekkeli değil, eline örgüsünü almış, bir isteği olduğunu anlamalıydım," diye başını sallıyordu.

"Baba, izin verirsen, ben üniversiteye gitmek istiyorum."

"Ne?"

"Üniversiteye gitmek istiyorum."

"Bak Nazife, çalışmak istiyorum diye tutturdun, razı olduk. Şimdi de karşımıza geçmiş, beni üniversiteye gönderin, diyorsun. Kız kısmı eninde sonunda evlenir, hem ben seni öyle yalnız başına uzaklara gönderemem, bunu da böylece bilesin..."

"Ama baba..."

"Ben diyeceğimi dedim, sözü uzatmanın bir anlamı yok. Çok yorgunum, yatacağım," diyerek babam kestirip attı.

Babam gittikten sonra biz bir süre daha oturduk. Nazife Ablam bu kez annemi kandırmaya çalıştı. "Anne, sen istersen babamı razı edersin. Ben ömür boyu o bankada çalışmak istemiyorum."

Annem elindeki örgüyü bırakıp gözlerini Nazife Ablamın gözlerine dikti. "Kızım, yoksa sen bunu Zarife'ye inat diye mi istiyorsun? Onunla tartışalı beri bir üniversite lafıdır ortaya çıktı. Eğer öyleyse hiç doğru bir davranış değil. İnat diye karar alınmaz. Sen hele babanın dediklerini bir iyi düşün, sonra seninle yine konuşuruz. Haydi artık yatalım, geç oldu."

Annem de odadan çıktıktan sonra Nazife Ablam, "Vazgeçmeyeceğim, okumayı gerçekten istediğimi ve bu kararımın doğruluğunu onlara kanıtlayacağım," diye mırıldandı, gözleri dolu doluydu.

O günden beri Nazife Ablam gündüz işine gidiyor, geceleri ve hafta sonları odasına kapanıp saatlerce ders çalışıyor. Bakalım bu işin sonu nereye varacak? Ben bütün kalbimle Nazife Ablamın üniversiteye gitmesini istiyorum.

Dün çok heyecanlı bir olay yaşadık. Ahmet Ağabeyimin dövüş horozlarını çalıştırma günüydü. Böyle günleri hiçbirimiz kaçırmak istemeyiz. Hatice Ablam hemen çayları, sıkmaları hazırlar. Nilgüncüğüm, sen herhalde bilmezsin, burada biz köy ekmeği yaparız. Hamurlar yuvarlak ve incecik yufka gibi açılır, sonra sacda pişirilir ve hemen içine bol beyaz peynir, ince kıyılmış soğan, domates, maydanoz konarak sarılır, sanki iri bir sigara böreği olur. Çayla, ayranla tadına doyum olmaz. Dilerim, bir gün buraya gelirsin de bahçemizde ekmeğini önünde yapıp sana sıkma ikram ederim. Evet, ne diyordum, Hatice Ablam çayları, sıkmaları hazırlar, hepimiz avludaki yaşlı dutun altına oturur, çayımızı içip sıcacık sıkmaları yiyerek heyecanla dövüşlerin başlamasını bekleriz.

Ağabeyim horozlarına da güvercinlerine olduğu kadar düşkündür. Onları özenle yetiştirir, idmanları, çalıştırmaları hep düzenlidir. Bu sözünü ettiğim horozlar, dövüşçü horozlar, yani bildiğin horozlardan değil. Biz 'Gereze' deriz, ama bunlara 'Hint Horozu' da denirmiş. Şu sırada ağabeyimin elinde genç bir horoz var, onu dövüşe hazırlıyor. Görsen ne bakım, ne bakım.

Horoz, her gün bol mısırla beslenir, dövüş gününden bir gün önce bol biberli et yedirilir ve bir tam gün karanlık odaya kapatılır. Bütün bunlar horozu iyice kızdırmak için. Bu genç horoz şimdiye dek girdiği iki dövüşte de başarılı oldu. Ağabeyimin gözbebeği o. Daha yaşlı bir horoz var. 'Kör' deriz ona. İşte bu, onun yavrusu. Kör de hâlâ iyi dövüşür, ama ne de olsa yaşlandı. Bir dövüşte gözü kör olmuş, o gün bugündür adı Kör. Bugünlerde Tarsus'ta önemli bir horoz dövüşü olacakmış, ağabeyim ona hazırlanıyor.

Ahmet Ağabeyim genç horozu kucaklayıp getirdi, aman şu Gereze horozlarının bakışları beni hep güldürür. Nasıl da sert bakıyor... Şahin gagasını andıran kısa, kıvrık gagası, kalın bilekleri, küçük ibiğiyle, düz ve aşağı doğru uzanan kuyruğuyla sanki Tanrı onları dövüş için donatmış. O kısa, kıvrık gaga, güçlü mü güçlü; ibiğinin küçük olması da dövüş sırasında rakibinin onu ibiğinden yakalayamaması için adeta. Ya o kalın bilekleri ve mahmuzları... Ağabeyim, elindeki jiletle genç horozun mahmuzlarını özenle sivriltti, sonra üzerlerine meşin kılıflar geçirdi. Tabii gerçek dövüşte böyle kılıf geçirilmez, ama çalıştırmada boşu boşuna biri diğerine zarar vermesin diye öyle yapılırmış. Zaten bu tür idmanlar on dakikadan fazla sürmez.

Ağabeyim genç horozla uğraşırken, Abdullah'la ablalarım onu alkışlıyorlar, anlayacağın genç horozu tutuyorlardı. Bense, ağabeyimin öteki bahçemizden idman için getirdiği (bu horozlar bir arada olamazlar, onun için ağabeyim her birini bir bahçede tutar) 'Hortlak'ı tutuyordum. Belki güleceksin, ama öteki horozun adı 'Hortlak.' Kart bir horoz, üç dört yaşlarında olmalı, ama hâlâ yaman dövüşçü. Ağabeyim çalıştırmalarda hep onu kullanır. Hortlak adını almasını da anlatayım. Daha gençken, bir seferinde, bir dövüşte bu horoz tam yedi saat dövüşmüş ve sonunda yara bere içinde yere yığılmış. Gereze horozları ölesiye dövüştüklerinden, bu horoz da her yanı kanlar içinde yere yığılınca, öldü diye onu bir çöplüğe atmışlar. Ertesi sabah bir de bakmışlar ortalarda yara bere içinde, ama pekâlâ canlı ve dinç bir dövüş horozu dolaşıyor. Tabii bu işin meraklıları hangi horozun kime ait olduğunu bilirler, ağabeyime haber yollamışlar. O da hemen gidip horozunu aldıydı. Sonra epeyce tedavi gördü, iyileşti ve yine dövüşlere katıldı, ama o günden beri herkes ona Hortlak der. İşte ben o horozu tutuyorum, ona acıyorum; herkes yeni ve genç horozdan yana, bu zavallıya yaşlı diye aldıran yok.

Derken bahçecimiz Avni Efendi, Hortlak'ı kucakladı, bu kez ben deliler gibi alkışladım. Artık küçük çapta da olsa bir dövüş başlıyordu.

Ağabeyimle bahçeci Avni Efendi kucaklarında horozlar, avlunun ortasında bir an karşı karşıya durdular. Sonra ağabeyim, "Haydi!" diye bağırdı, ikisi de horozları aynı anda bıraktılar. Aman o havada uçuşan tüyleri, çırpılan kanatları görecektin. Kızıllı siyahlı tüyleri güneşte pırıl pırıl parlayan genç horoz havaya zıplıyor ve Hortlak'ın yüzünün iki yanına mahmuzlarını yapıştırıyordu. Yere inişlerindeyse hiç sendelemiyordu. Hortlak grili, siyahlı beyazlı renklerdeydi ve daha yavaş dövüşüyordu. Genç horoza, "Pek ateşlisin, ama biz çok gördük böylelerini," dercesine yavaştan alıyor, kaçak dövüşüyordu, yani kaçar gibi yapıyor, sonra ansızın dönüp kuvvetli bir gaga atıyordu. Genç horoz zıpladıkça ötekiler çılgınca bağırıyor, alkışlıyorlardı. Hortlak gaga vurdukça da Avni Efendiyle ben bağırıyorduk. Tabii on dakika çok kısa bir süre, hele de böyle heyecanlı bir olay için. Ağabeyim, "Tamam, vakit tamam," dedi, hepimizin itirazları arasında horozunu alıp yerine kapattı. Avni Efendi de Hortlak'ı öteki bahçeye götürmek üzere yola koyuldu. İşin asıl önemli yanı Tarsus'taki dövüş, bakalım bizim genç horoz yine başarılı olacak mı? Ama sana bir şey itiraf edeyim: Ben böyle çalıştırmaları seviyorum da, asıl dövüşlere gitmek istemem, hoş istesem de gidemem, horoz dövüşlerinde hep erkek oluyor. Dövüşler öldüresiye oluyormuş, horozlar ölene dek dövüşüyorlar, kan revan içinde kalıyorlarmış. İşte bunu seyretmeye hiç dayanamam. Ama çalıştırmalarda böyle şeyler olmuyor, üstelik de bayağı heyecanlanıyoruz.

Nilgüncüğüm, senin de başını ağrıttım, ama bu horozlar hepimizi öylesine heyecanlandırıyor ki, bak, farkına varmadan sana her şeyi anlatıvermişim.

Seni kucaklarım
Şerife

12 Aralık

Sevgili Şerifeciğim,

Oldukça güç oldu, ama yeni bir arkadaş kazandım.

Geçen çarşamba sabahı yine okulun kapısının önünde toplanmış, zilin çalmasını bekliyorduk. Gıcır gıcır siyah bir araba yanaştı ve içinden sarışın, güzel bir hanımla, biri kız iki çocuk indi. Hanım çocukların ellerinden tutarak bize doğru ilerledi. "Müdürün odası nerede acaba?" Bizim sınıftan Şişko Hadi, bir yandan gofretinin son parçasını ağzına tıkıştırarak yol gösterdi. "Şu tarafta, efendim." Sarışın hanım, Şişko Hadi'ye tatlı tatlı gülümsedi. "Teşekkür ederim, yavrum."

Az sonra ziller çalmış, herkes sınıflara dağılmıştı. Tam matematik problemlerinin derinliklerine dalmıştık ki, kapı açıldı ve Müdür Yardımcısı Hüseyin Bey, yanında sabah gördüğümüz küçük kızla içeri girdi. Sabahat Öğretmenle fiskos konuştuktan sonra da gitti. Sabahat Öğretmen, "Bir dakika çocuklar," dedi. "Size aramıza katılacak ve bu yılı bizimle birlikte geçirecek olan yeni arkadaşınız Ajda'yı tanıtmak istiyorum. Küçük kardeşi Hakan da dördüncü sınıfa devam edecek. Babaları dışarıda görevli olduğundan uzun süre vatandan uzakta kalmışlar. Ona yakınlık göstereceğinizden eminim. Haydi yavrum, şuraya geç." Öğretmenimiz, Mânâ ile Serap'ın yanındaki boş yeri işaret ediyordu. İçimden, zavallı kız, dedim. Sıra arkadaşların için şansına küs. Ajda kapkara gözlü, simsiyah saçlı, narin bir kızdı, gülümseyişi de sıcacıktı. Elinde, dışarıdan alındığı belli olan değişik bir okul çantası, üzerinde yakası iki tombul ponponla bağlanan çok şık bir ceket vardı.

Bu küçük aradan sonra yine matematik problemlerine döndük, fakat ben fırsat buldukça Mânâ'yla Serap'ı izliyordum. Ajda gayet ciddi, kitaplarını, defterlerini ve kalem kutusunu çıkarmış, sıranın üstüne düzenli bir biçimde yerleştiriyordu. Onlar ise birbirlerini dürterek Ajda'nın güzel kalem kutusuna, defterlerine bakıyorlar ve ara sıra kıkırdaşıyorlardı. Tamam başladılar, diye düşündüm. Ajda'ya baktım, o da gülüşmeleri fark etmişti, ama şöyle bir baktıktan sonra yine başını kitaplarına eğdi. Bu, ders boyu sürdü. Teneffüste benim Kitaplık Kolu'yla ilgili işlerim vardı, bir koşu gittim; sınıfa döndüğümde Ajda'yı bir köşede yalnız başına durur buldum. Mânâ'yla Serap ise az ileride bir şeyler konuşup, bu kez abartılı biçimde kahkahalar atıyorlardı. İkinci ders boyunca da aynı şeyleri sürdürdüler. Zil çaldı, öğretmenimiz sınıftan çıkar çıkmaz, onlar bu kez artık Ajda'yla açıktan açığa alaya başladılar. Ne saçma laflar, duysan deli olursun.

"Kaleminiz nereden?"

"Avrupa'dan efem."

"Yaa, öyle mi?"

"Öyle efem, ben başkasını kullanmam."

"Ya ceketiniz?"

"O da Avrupa'dan efem."

"Ya ponponlarınız?"

"Onlar da Avrupa'dan efem, aşağısı kurtarmaz."

Bunları kapıya dayanmış, bağıra çağıra söylüyorlardı. Ajda'nın yüzü pancar gibi olmuştu, birden ayağa fırladı. Ponponları yakaladığı gibi çekip kopardı ve tüm gücüyle onlara fırlattı. Tam bu sırada kapı açıldı ve Sabahat Öğretmen göründü. Mânâ'yla Serap eğilince, ponponlar olanca gücüyle Sabahat Öğretmenin yüzüne çarptı. Sınıfta sinek uçsa duyulabilirdi, herkes öylesine donup kalmıştı. Sabahat Öğretmen, "Neler oluyor burada? Ajda, ne yapıyorsun?" diye hırsla bağırdı. Mânâ'yla Serap çığlık çığlığa, "Öğretmenim bize attı, öğretmenim bize attı," dediler. Sabahat Öğretmen, "Susun bakayım, bağrışmayın," diye çıkıştı. "Ajda, sen de derhal yerine. Bu senin için hiç de güzel bir başlangıç değil." Zavallı Ajda yüzü sapsarı, yerine geçti. Bense içimden adeta avaz avaz bağırıyordum. "Söylesene, anlatsana." Üçüncü ders boyu Sabahat Öğretmenin yüzü gülmedi, belli ki hâlâ kızgındı. Yine teneffüs vakti geldi. Ajda'nın sessiz, üzgün hali çok içime dokundu, ötekilere de oldum olası kızarım bilirsin. Bir ara Mânâ'yla Serap'ı bulup, "Bana baksanıza, sizin bu yaptığınız çok çok ayıp. Sınıfa yeni gelmiş bir arkadaşa böyle mi davranılır?" diye bağırdım.

"Aman! Sana ne?"

"Ama Nilgün doğru söylüyor, kızcağıza yapmadığınızı bırakmadınız." Boğuk bir sesle söylenen bu sözleri Şişko Hadi söylemişti; sesi boğuktu, çünkü bu kez de ağzı fıstık doluydu.

"Haydi oradan şişko, sen yemene bak da boyundan büyük işlere karışma," dedi Serap. Serap'la Şişko Hadi bağrışırlarken, Mânâ bana dönüp, "Yeni gelen kıza yağcılık mı yapıyorsun?" demez mi?.. Yarabbi, bu kızlar insanı deli değil, zırdeli ederler.

"Önce yağcı sensin, sonra ne diye ona ya da başkasına yağcılık yapayım? Hem sen onu bunu bırak da cevap ver bakalım. Ne hakla hem kızı kızdırır, hem de onu öğretmenin karşısında suçlu durumuna düşürürsünüz? Yok Avrupa kalemmiş, yok Avrupa deftermiş, yok, 'Vatandaş yerli malı kullan'mış... Fısır fısır konuştunuz, ama hepsini duydum. Madem yabancı mallar bu kadar kötü, sen ne diye dayın Almanya'dan bir şey gönderince günlerce bize gösterip böbürleniyorsun? Sana gelince iyi, başkasına gelince kötü, değil mi? Kıskançsınız işte, bal gibi kıskançsınız."

Gün aksilik günü olmalıydı ki, ben tam bu sözleri söylerken yine Sabahat Öğretmen içeri girdi. "Nilgün, sesin koridorun ta öbür ucundan duyuluyor. Onlar ne biçim sözler öyle? İnsan arkadaşıyla böyle mi konuşur?"

"Öğretmenim, asıl onların davranışları arkadaşlığa sığmaz. Aradaki fark, onlar sessiz yapıyorlar, ben bağırarak."

"Nilgün! Seni cezalandırmadan derhal yerine geç. Zaten bugün sınıfta bir şeyler var. Kiminiz ders dinlemez kıkırdaşır, kiminiz arkadaşlarının kafasına bir şeyler atar, kiminizde öğretmeniyle böyle terbiyesizce konuşur. Sizinle dersten sonra görüşeceğim."

Tahmin edebileceğin gibi, sonuncu ders bir öncekinden de tatsız geçti. Zil çalınca, Sabahat Hanım, "Mânâ, Serap, Ajda ve Nilgün dışında herkes çıkabilir," dedi. Sesi buz gibiydi. Sınıf boşalınca, bir sessizlik oldu, sonra Sabahat Öğretmen, "Anlatın bakalım, neler oluyor?" dedi. "Nilgün önce sen anlat."

Ben de her şeyi başından sonuna kadar bir bir anlattım. Sabahat Öğretmen, Ajda'ya dönerek, "Doğru mu bunlar?" diye sordu. Ajda sessizce ağlıyordu. "Evet, öğretmenim." O sırada Mânâ'yla Serap da yüksek sesle ağlamaya başladılar. "Öğretmenim, Nilgün zaten hep bizi suçlu çıkarır. Bizim kötü bir niyetimiz yoktu. Biz, kendi sıra arkadaşımızla şakalaşıyorduk. Nilgün her şeye karışıyor, ona ne? Ajda'ya yalnızca şaka yapmak istedik. Nilgün ise işin aslını bilmeden hemen bizi suçluyor."

Kendimi tutamadım. "Fatma'nın solmuş hırkasıyla alay ederken de mi şaka yapıyordunuz? Bu sizin çok kötü bir huyunuz. Ajda'yı sessiz buldunuz, o daha yeni ve çekingen. Ben yapılan haksızlığa dayanamam. Haksızlık sizin sıra arkadaşınıza yapılıyor diye bir kenara çekilip de susacak mıydım yani? Bal gibi Ajda'nın ceketini ve eşyalarını kıskandınız."

Sabahat Öğretmen, "Nilgün, Nilgün biraz da ben konuşayım," diye araya girdi. "Çocuklar, sizin bu yaptığınıza şaka değil, alay derler. Bir başkası aynı şeyleri size yapsa hoşunuza gider miydi? Hem daha yeni gelmiş bir arkadaşa yakınlık gösterip kucak açacak yerde, ne biçim davranmışsınız? Neresinden bakılırsa bakılsın, bağışlanır gibi değil."

"Öğretmenim, geçen gün de Fatma'nın solmuş hırkasıyla alay ettiler. Arkadaşımızın annesi kızını okutabilmek için evlere temizliğe gidiyor. Bu yoksul insanlar çalışıp çocuklarını ancak okutabiliyorlar. Bunu hepimiz biliyoruz, Mânâ'yla Serap da biliyor. Bunun şakası olur mu? Geçen günkü kavgamızın nedeni de buydu." Ohhh, bunu da öğretmenimize söyleyip rahatladım, çünkü onlarla sürekli didişmeme bakıp öğretmenimiz beni kavgacı bir kız sanacak diye korkuyordum.

"Nilgün, söz verilmeden konuşulmaz. Senin de biraz sakin olman gerek. Mânâ ve Serap, umarım hatalı davranışlarınızı anladınız. Bu ilk uyarı. Bir daha böyle şeyler yaptığınızı duyarsam, çok daha başka türlü davranacağımı bilin. Şimdi derhal Ajda'dan özür dileyeceksiniz."

Mânâ'yla Serap yüzleri asık, Ajda'dan özür dilediler. Öğretmenimiz onlara çıkabileceklerini söyledi. Sonra Ajda'ya dönerek, "İlk gününde böyle şeyler olmasını hiç istemezdim, yavrum," dedi. "Ben de bilmeden seni kırdım, özür dilerim. Bunları unutup yeniden başlayalım, ne dersin? Sana gelince Nilgün, hakseverliğini ve doğru bildiğini cesaretle savunmanı beğeniyorum. Yalnız bu duyguları dile getirirken biraz daha serinkanlı olmaya çalış. Haydi, artık çıkabilirsiniz."

Sabahat Öğretmenin en sonunda yüzü gülmüştü, bunu fırsat bilerek, "Öğretmenim, bir şey söyleyebilir miyim?" dedim.

"Evet, Nilgün?"

"Bizim yanımızda da bir boş yer var, acaba Ajda bizimle oturabilir mi? Tabii eğer kendi isterse."

Sabahat Öğretmen, Ajda'ya döndü, "Bence bir sakıncası yok, sen ne dersin, Ajda?" Ajda'nın o üzgün yüzü birden aydınlanıverdi. "Çok memnun olurum, öğretmenim."

Böylece Ajda da bizim gruba katıldı. Gerçekten çok tatlı bir arkadaş. Çalışkan, neşeli ve terbiyeli. Işık ve Fatma'yla da çok iyi anlaşıyor. Grubumuz güzel bir biçimde tamamlandı.

Şimdi gidip Defne'yle 'Prensesçilik' oyunu oynamam gerek, çünkü söz vermiştim, ben anımsamıyorum, ama o anımsıyor tabii. O bir ülkenin prensesi oluyor, ben bir başka ülkenin. Bu, Defne'nin en sevdiği oyun. Nedimelerimiz varmış, birbirimizi ziyaretlere gidermişiz, av partileri, balolar düzenlermişiz. Daha eskiden, bu oyunu annemin topuklu pabuçları ve elbiselerini giyerek oynardık, daha da zevkli olurdu. Arada bir de senin ülken daha küçük, yok benimki daha büyük diye çekişiriz. Ne yaparsın, kardeş hatrı!

Yeşil Vadiler Prensesi
Nilgün

20 Aralık

Sevgili Nilgüncüğüm,

Sana büyük bir haber! Hatice Ablama söz kesildi. Yeni eniştemizin adı Doğan. Ve bu zavallı eniştemizin daha şimdiden iki azılı düşmanı var: Ahmet'le Abdullah. Hele de Abdullah... Ona bir sürü isim takmış bile, 'Yalıkazığı' diyor, 'Uzun salak' diyor.

Doğan Eniştenin ailesiyle birlikte, üstelik ilk kez bize geldiği gün neler yapmış bir bilsen. Eniştemiz efendi çocuk, onu ele vermemiş de olaydan annemle babamın haberi olmadı, yoksa kim bilir onu nasıl cezalandırırlardı. Yapmış diyorum, çünkü o gün benim ateşim vardı, yatıyordum. Olayı marifet yapmışçasına Ahmet'le Abdullah anlattı bana. Anlatırken nasıl da keyifliydiler... Yaa, ben hastalandım, ama hastalanmaktan da öte iğne oldum! En çok korktuğum şey iğnedir. Okulda da aşı yapılacağı zaman hep bir bahane bulup kaçmaya çalışırım, zorla değil ya, deli gibi korkuyorum iğneden. Bu kez de hastalanınca annem, "Neyse ki yarın Sıhhiye gelecek köye, seni bir gösteririz, gerekirse bir de iğne vurur, tez elden iyileşirsin," demez mi?.. Bu sözleri duyunca herhalde ateşim büsbütün çıktı. Bütün gece Sıhhiye'nin köye gelmemesi için dua ettim durdum. Dualarım kabul olmamış olacak ki, sabahleyin sağlık memurunun motosikletinin sesi duyuldu. Motor sesini duyar duymaz ben de öylece olduğum gibi, yani geceliğimle evden kaçtım, bir süre şaşkın şaşkın arka bahçede oradan oraya koşuştuktan sonra gözüme kümes ilişti. Hemen kümesin içine daldım. Tavuklar bir gıdaklaştılar, bir kanat çırptılar görme. Bir yandan onları susturmaya çabalıyor, bir yandan da bir köşeye büzülmeye çalışıyordum. Bu arada annemle babamın beni çağıran sesleri, uğuldayan kulaklarıma geliyordu. "Şerife, Şerife, hay Allah kaçtı galiba!" Eyvahlar olsun, kaçtığım da anlaşılmıştı. Ne yapıp edip bulunmamalıydım. Tam o sırada yerdeki tavuk pisliklerine basmış olacağım, ayağım kaydı, düşer gibi oldum, bir yerlere tutunayım dedim. O arada bir iki tavuğa çarpmışım, bu da onları öfkelendirdi; başladılar mı sana gıdaklayıp beni gagalamaya. Kimini iteledim, kimini ayağımla kovaladım ve böyle hem ellerimle, hem ayaklarımla bir savaş verirken, bu kez gerçekten pat diye pisliklerin içine düştüm. Üstüm başım batmış, her tarafım tavuk pisliğiyle topraklara bulanmıştı, kısacası görülecek haldeydim. Babamın sesi de gittikçe yaklaşıyordu. Neyse ki tavuklar durumumu anlamışçasına sakinleştiler, ben de öylece orada çömelmiş, bu fırtınayı atlatmayı bekliyordum. Fakat bu kez de burnum gıdıklanmaya başlamaz mı? Kendimi tutmaya çalıştım, ama ne fayda, şöyle en seslisinden bir hapşırık hapşırdım ki, tavuklar yeniden gıdaklayıp kanat çırpmaya başladılar. Tabii babam da beni eliyle koymuş gibi buldu.

Kolumdan tutup kümesten çıkardı. "Ayıp, ayıp, koca kız olacaksın, şu haline bak." Kardeşlerimin kıkırdaşmaları arasında eve girdim, üstümü değiştirip muayene oldum ve tabii en sonunda iğne de oldum. İnan acımadı, ama o korku yok mu?.. İlaçlarımı da aldıktan sonra yatağa girdim, meğer ateşim otuz dokuzmuş. Sağlık memuru tekrar beni görmeye geleceğini söyleyerek çıkıp gitti.

İşte o gün Doğan Enişte ilk kez bizimkileri ziyarete gelecekti. Ben hep yattığımdan haberleri kardeşlerimden alıyordum. Öğleden sonra gürültülerden konukların geldiğini anladım. Az sonra odaya Ahmet Ağabeyimle Abdullah girdi. Gülmekten katılıyorlardı. "Ne var, ne oluyor?" dedim. "Eğlenceyi kaçırıyorsun, Şerife," dediler ve yine kahkahalara boğuldular. Oysa daha önce suratları bir karıştı. Yatağımın ayakucuna oturup kahkahaları dinince anlatmaya başladılar. "Ah Şerife, bir görecektin. O Doğan bayramlıklarını giymiş, kravatını o sıska boynuna takmış. Upuzun, sipsivri bir adam. Bir koca tepsi de baklava getirmişler. Bir süre avluda konuştular, sonra oturma odasına geçerlerken Abdullah'la göz göze geldik. Abdullah fırladı gitti ve saniyede geri döndü. Hemen Yalıkazığı'nın yanına yanaştı, onun oturacağı yer belli olunca, Abdullah da orada bitiverdi."

Dayanamadım, "Abdullah, niye Doğan'ın etrafında dolaşıyorsun?" diye sordum. Abdullah'ın gözleri ışıl ışıldı. Eyvah, bu çok kötü bir işarettir.

"Abdullah, ne yaptın, çabuk söyle," dedim.

Abdullah, "Hiiç, sadece Yalıkazığı otururken altına raptiyeyi kaydırıverdim," dedi.

"Neee? Nasıl yaptın bunu?" Ateşimi, hastalığımı unutmuştum. "Seni görmediler mi?"

"Ohoo, okulda o kadar çok arkadaşın altına raptiye koydum ki, benden ustası yok bu işte."

"Eyvah, eyvah, peki sonra ne oldu?"

Ahmet devam etti. "İkimiz de gözümüzü ondan ayırmıyorduk. Oturur oturmaz, bir fırlayacak oldu, ama kendini tuttu, yavaşça altından raptiyeyi aldı ve tekrar yerine oturdu. Ama yüzü de pancar gibi olmuştu hani. Babam bir tuhaflık sezmiş olacak ki, 'Bir şey mi var oğlum?' diye sordu, ama Yalıkazığı bize -daha çok Abdullah'a tabii- şöyle bir baktıktan sonra, 'Hayır, yok,' dedi." Ve yine ikisi kahkahalarla gülmeye başladılar.

Tam bu sırada Nazife Ablam içeri girdi. "Sizi gidi utanmazlar, neler yaptığınızı gördüm. Ayıp, ayıp. Bir de gelmiş dedikodu yapıyorsunuz."

Ahmet, "Biz kadın mıyız dedikodu yapacak?" diye horozlandı. Şu Ahmet Ağabeyim iyidir hoştur da, hepimizden büyük olmayışını bir türlü içine sindirememiştir. Hep o büyükmüş gibi davranır, ablalarımdan gelen en ufak lafa dayanamaz. Nazife Ablam bu, hiç laf altında kalır mı? "Sevsinler seni, erkek kısmı dedikodu yapmaz mı?"

"Yapmaz." Nazife Ablamla Ahmet Ağabeyim işte hep böyle çekişir dururlar.

Olaylar bu kadarla kalsa yine iyi. Dün iyice yağmur yağmıştı. Sağlık memuru gelip beni son kez yokladı. Ateşim düşmüştü, okula gidebilecektim. Yağmur yağdığı için evde kalan Abdullah ise çok sıkılıyordu. Onunla birlikte pencerenin içine oturmuş, yağmuru seyrediyorduk ki, uzaktan çamurlara bata çıka gelen biri belirdi. "Bu yağmurda bu da kim?" dedim. Abdullah, "Kim olacak, Yalıkazığı. Bugün geleceğini söylüyordu, duydum. Yağmur yağınca, oh gelemeyecek, dedimdi içimden. Adama bak, yine de geliyor. Şuna bak şuna."

"Abdullah, bir kere senin kulakların çok sivri, ikincisi Doğan Ağabey bizim eniştemiz artık, doğru konuş."

"Aman, aman, aman," dedi, gözünü dikmiş, gölcüklerin arasından ilerlemeye çalışan uzun boylu adama bakıyordu. Birden yerinden fırlayıp gitti. Deli çocuk, dedim içimden. Bu sırada annem içeri girdi. "O gelen Doğan Enişten mi, Şerife?"

"Evet, anne."

"Öyleyse Hatice'ye sesleneyim de kapıya bakıversin. Hatice, Hatice, kızım kapıya bakıver." Annem benimle birlikte yağmuru seyrediyordu. "Rahmet iyi yağdı, neyse doluya çevirmedi. İlk başladığında bayağı korkmuştum doluya çevirecek diye, Allah saklasın. Geçende Erdemli taraflarını hep sel götürmüş. İşte Doğan da gelebildi," demesine kalmadı, gümm diye bir ses, ardından fıskiye halinde fışkıran sular ve tepeden tırnağa çamurlu sularla ıslanan zavallı, şaşkın bir Doğan Enişte. Ne oluyor diye şaşırdık, annem hemen pencereyi açtı ve, "Yukarıdan bir şey düştü," diyerek dışarı uzandı, tabii ben de kafamı uzattım. Evin yukarısına baktığımızda damdan uzanmış, keyifle sırıtan Abdullah'ın yüzüyle karşılaştık. Annem hemen durumu anladı tabii. Ezeli düşman Abdullah, Doğan Enişteyi görünce, dama çıkıp kocaman bir saksıyı almış ve adamcağız tam büyük bir su birikintisinin yanından geçerken, saksıyı suya atıp onu tepeden tırnağa bir güzel ıslatmıştı. Ne yazık ki, zaferimi keyifle seyredeceğim diye kafasını içeri çekmeyi unuttuğundan, annem tarafından suçüstü yakalandı.

Hatice Ablam, Doğan'ı içeri almış, üstünü başını kurulamaya çalışırken, annemin Abdullah'ı kulağından tutarak bir yerlere götürdüğünü gördüm. Ay, nasıl güldüm, zavallı Abdullahcık, birincide yakalanmadı, ama ikincide hak yerini buldu. Bu kez dayaktan pek kolay kurtulabileceğini sanmıyorum.

Seni kucaklarım

Şerife

25 Aralık

Sevgili Şerifeciğim,

Bugün sınıfta çok komik bir şey oldu. Güllerin kümesinde Avni diye bir arkadaş var. Azıcık dalgacıdır. Coğrafya dersinde Doğu Anadolu'yu çalışıyorduk. Öğretmenimiz Işık'ı derse kaldırmıştı, o da güzel güzel anlatıyordu. Tam Doğu Anadolu'nun büyükbaş hayvanlarının Erzurum-Kars yaylasında yaşadıklarını anlatıyordu ki, Sabahat Öğretmenin gözü Avni'ye ilişti. Avni yine dalmış gitmişti. Sabahat Öğretmen dersi dinlemediği için ona kızarak cetvelle masaya vurup, "Avni nerelerdesin?" diye bağırınca, zavallı Avni sıçrayarak, "Erzurum-Kars yaylasında, efendim," demez mi?.. Sınıf kahkahalara boğulurken, Sabahat Öğretmen yine cetveliyle masaya vurarak, "Susun, susun! Avni, büyükbaş hayvanların değil, senin nerede olduğunu soruyordum," dedi ve Avni'ye pek fena baktı. Şişko Hadi fısır fısır, "Avanak Avni," deyince, bu isim bir tuttu, bir tuttu. Şimdi sınıfta herkes çocuğa 'Avanak Avni' diyor. Küme başı Gül teneffüste, "Ayıp değil mi, Avni'ye nasıl böyle bir ad takarsın?" diyerek Şişko Hadi'nin üzerine yürüdü. Şişko Hadi, "Sana ne?" deyince Gül, "İkiniz de benim kümemdesiniz de ondan," diye açıkladı. "Hem Avanak Avni ne çok duyulmuş bir ad."

"İyi valla, herkes bana 'Şişko Hadi' derken kimsenin kılı kıpırdamıyor. Avni beyefendiye bir isim taktık diye kıyametler kopuyor."

"Onu bunu bilmem, ona avanak demek yok."

Zavallı Gül grubumu ayakta tutacağım diye uğraşıp duruyor. Biliyor musun, artık kümelerimiz kesin olarak belirlendi. Bizim küme tabii Ajda, Işık, Fatma ve benden oluşuyor. Güllerinki de Şişko Hadi, Avanak Avni ve çok sessiz bir kız olan Suskun Ayşe'den. Bizim küme çok güzel uyuşuyor ve çalışıyor. Gül ise Hadi'yle Avni'nin kavgalarından, Suskun Ayşe'yi de konuşturamadığından şikâyetçi. Gül de olmasa kümelerinde hiçbir hareket olmayacak. Tabii Mânâ ile Serap'ın da kümesi var. En kötüsü onlarınki bence, işleri güçleri onu bunu çekiştirmek.

Kitaplık Kolu çalışmalarımız da başarıyla ilerliyor. Boş saatlerde yüksek sesle kitap okuyoruz. Şöyle bir liste hazırladık: Önce *Dede Korkut Masalları*, sonra Ömer Seyfettin'in öyküleri, en sonra da Nasrettin Hoca fıkralarını okuyup inceleyeceğiz. Herkes kitaptan bir karakter seçiyor, araları da bir başka arkadaş okuyor. Kitap sona erince, daha doğrusu bir masal ya da öykü sona erince üzerinde karşılıklı konuşup açıklamalar yapıyoruz. Sabahat Öğretmen bu fikrimi çok beğendi. Bazen okumalara o da katılıyor.

Biliyor musun, bugünlerde yeni bir görev yüklendim. Çok şaşıracaksın. Nişantaşı'ndaki bir apartmanın gazete ve ekmeklerini dağıtıyorum! Ne dersin bu işe?

Fatma son günlerde hem okula geç kalıyor, hem de ödevlerini doğru dürüst hazırlamamış oluyordu. Bu durum Sabahat Öğretmen dahil hepimizin tuhafına gidiyordu, çünkü Fatma sınıfın en çalışkan öğrencilerindendi. İlk geç kalışında öğretmenimiz bir şey demedi; ikinci kez, "Bir daha gecikme yavrum," üçüncü kez, "Hayrola Fatma, beni kızdırmaya mı çalışıyorsun?" dördüncü gün de, "Fatma, bir kez daha gecikirsen seni cezalandıracağım. Hem niye geç kalıyorsun?" deyince Fatma eveledi, geveledi, "Uyuyakalmışım öğretmenim," diyebildi. Yerine geçtiğinde bu kez ben kızcağıza yüklendim. "Fatma niye gecikiyorsun?"

"Söyledim ya, uyuyakalmışım."

Üstelik ders boyu da esneyip duruyordu. Bu işte bir gariplik olduğu kesindi. Kümenin sözcüsü de o olduğundan, bizim hazırlayıp verdiğimiz bilgileri, çalışmadığı için doğru dürüst okuyamıyordu. Bu da grubun çalışmalarını kötü yönde etkilemekteydi. Küme başı olarak teneffüste onu sıkıştırdım, ama sadece, "Bir daha iyi hazırlanırım," diye cevap verdi. Dersten sonra Sabahat Öğretmen beni çağırıp, "Nilgün, Fatma'da bir değişme var, neler oluyor?" diye sordu.

"Öğretmenim, biz de farkındayız, ama bir şey söylemiyor, 'Uyuyakaldım,' diyor, 'Bir dahaya daha iyi çalışırım,' diyor, o kadar."

Sabahat Öğretmen bir an düşündü. "Tuhaf, Fatma çok düzenli ve çalışkan bir çocuktur. Sakın bir derdi olmasın?"

"O çok gururludur, kolay kolay sıkıntısını söylemez. Öğretmenim?"

"Efendim?"

"Bir fikrim var, ona belli etmeden anlamaya çalışsak."

Sabahat Öğretmen yine bir süre sustu. "Bugün öğretmenler toplantısı var. En iyisi ben yarın onun evine gidip bir annesiyle görüşeyim. Peki kızım, sen de artık evine git, yarın görüşürüz."

Ama o fikir aklıma saplanmıştı bir kez. Fatma'nın babası Nişantaşı'nda, okula yakın bir yerde kapıcılık yapar, annesi de evlere temizliğe gider. Fatma'ya görünmemeye çalışarak apartmanın yolunu tuttum, kendimi azıcık Zehir Hafiye sanıyordum. (Biliyor musun, meslek olarak dedektiflik de düşünülebilir, çok ilginç.) Neyse konumuza dönelim, neler oluyor anlamaya kararlıydım. Tam apartmanın karşısına geldim ki, elinde büyük bir sepetle Fatma göründü. Tabii hemen TV'deki dizi filmlerde gördüğüm gibi bir duvarın gerisine saklandım, oysa zavallı Fatmacığın öyle bir hali vardı ki, değil saklanmak, önünde takla atsam beni göremezdi. Çabucak önlüğünü çıkarmış, bir elbise giymişti. Gizli gizli onu izledim. Bir bakkala girdi, elinde bir liste vardı. Bir sürü şey aldı, elindeki sepete doldurdu ve ağır ağır geri döndü. Bir süre sonra tekrar kapıda belirdi, yine elinde sepet vardı, yeniden bakkala gitti. Artık anlamıştım, arkadaşım apartmanın alışverişini yapıyordu. Peki babasına ne olmuştu? İçeri girip sorsam, Fatma beni görebilir ve gücenebilirdi. Onun bu konuda ne kadar duyarlı olduğunu iyi bildiğimizden çok dikkat ederiz. Daha fazla oyalanırsam evden merak edeceklerini düşünerek evin yolunu tuttum.

Ertesi gün bir ara, Sabahat Öğretmene yaklaşıp bir gün önce gördüklerimi anlattım.

"Yaa, demek böyle..." dedi. "Sınıfa söyle, küme başkanları bu dersi yürütsünler, ben bir yere kadar gidip geleceğim."

"Öğretmenim, Fatmalara mı gideceksiniz?"

"Evet, çocuğum."

O dersi öğretmensiz yaptık. Bu arada Fatma'ya belli etmeden Ajda'yla Işık'ı bir kenara çekip durumu anlatmıştım. Madem Fatma'nın arkadaşlarıydık, ona yardım etmeli, güç günlerinde yanında olmalıydık. Hepimiz sabırsızlık içinde Sabahat Öğretmenin dönmesini bekliyorduk. Sonunda geldi, ilk teneffüste yanına koştum, ötekiler de gelmek istediler, ama Fatma bir şey sezinlemesin diye benim tek gitmem kararlaştırıldı.

"Fatma'nın babası çok hasta, yatıyor. Annesinin ise işe devam etmesi gerek. Biliyorsun, iki kardeşi daha var. Annesinin kazandığı para onlara büyük destek. Bu nedenle, Fatma babasının işlerini üstlenmiş. Kaloriferi kocasının talimatıyla kadıncağız yakıyor, ama sabah gazete ve ekmek dağıtımı, yerlerin süpürülmesi, alışveriş hep Fatma'nın üzerindeymiş. Anlayacağın, zor bir durum."

"Bir şeyler yapalım, öğretmenim."

"Zil çalıyor, şimdi git de bir şeyler düşünürüz."

Sırama döndüğümde Fatma da orada olduğundan bir şey söyleyemedim. Işık'la Ajda dersin sonuna dek meraktan öldüler. Ders bitti, bizler oyalandık, herkes gittikten sonra Sabahat Öğretmenin yanına koştuk.

"Hayrola çocuklar?"

"Öğretmenim, Fatma'ya yardımcı olmak istiyoruz, o bizim en sevdiğimiz arkadaşımız," dedi Işık. Ajda da, "Hep birlikte bir çare arayalım," diye önerdi.

"Arkadaşımıza böyle zamanda yardım etmezsek, ne zaman edeceğiz?" dedim ben de.

Sabahat Öğretmen gülümseyerek. "Aferin size çocuklar. Pekâlâ oturun bakalım, konuyu enine boyuna düşünüp neler yapabileceğimizi saptayalım," dedi.

O gece evlerimizde anne ve babalarımızla konuştuktan sonra, ertesi gün yine öğretmenimizle yaptığımız gizli toplantıda şu kararlar alındı:

Bir kez, Işık ve ben yakın semtlerde oturduğumuz için Fatma'nın işlerine yardımcı olabilirdik. Bir sabah ben, bir sabah Işık, bir sabah da Fatma gazete ve ekmekleri dağıtacaktık.

Akşamüstü alışverişini de yine üçümüz birlikte yapacaktık, böylelikle Fatma'nın üç kez gidip gelerek siparişleri tamamlaması önlenecekti, hep birlikte alışverişleri bir seferde bitirmiş olacaktık.

Bu iki maddeye anne ve babalar izin verdi.

Uzakta oturması nedeniyle bu gibi yardımlarda bulunamayacağı için somurtup oturan Ajda'ya ise babası yardımcı olmuş, apartmanı silip süpürmesi için haftada iki kez kendi adamlarını göndermeyi üstlenmişti. Üstelik aile doktorlarının, hastanın bakımını üstüne almasını da sağlamıştı.

Bütün bunların Fatma ve ailesine anlatılıp kabul ettirilmesi görevi de öğretmenimiz Sabahat Hanıma düşüyordu. Çetin bir görev!

Ertesi gün derslerden sonra, Sabahat Öğretmen bizim kümenin kalmasını istedi. Mânâ hemen bir heveslendi, azar yiyeceğiz sandı, ama tatlı tatlı konuştuğumuzu görünce fena şişti.

Herkes gittikten sonra öğretmenimiz oturmamızı söyledi, sonra Fatma'ya dönerek, "Fatma, geçen gün sizin eve gittim ve babanın hasta olduğunu öğrendim," diye söze başladı.

"Evet, öğretmenim, annem söyledi."

"Önce seni çok takdir ettiğimi belirtmeliyim. Annene, babana destek oluşun övgüye değer bir davranış. Seninle gurur duyuyoruz, hem ailen, hem dostların. Şu durumda arkadaşların senin bu çabana katkıda bulunmak istiyorlar... Uzun uzun düşündüler ve çareler buldular. Bu çarelerle senin yükünü hafifletebilecek, baban iyileşene dek sana destek olacaklar," dedikten sonra yapmak istediklerimizi anlattı Sabahat Hanım. Hepimiz merakla Fatma'nın yüzüne bakıyorduk. Dalga dalga bir kırmızılık tüm yüzüne ve boynuna dağıldı, bizimle göz göze gelmiyor, sadece öğretmene bakıyordu. Sabahat Öğretmen sözlerini bitirince, "Çok teşekkür ederim, ama ben yardım istemem, ben her şeyi kendi başıma yapıyorum ve yapabilirim de," dedi.

Göğsü inip kalkıyordu. Hah, işte korktuğum başımıza geldi, yine keçi inadı tuttu, diye düşünürken, Sabahat Öğretmenin sesi yükseldi.

"Fatma, almak ve vermek diye bir şey vardır. Kişi vermesini bildiği gibi almasını da bilmelidir. Bunu bilmiyorsa öğrenmelidir. Sen, annene babana yardımcı olurken, veriyorsun, değil mi? Söyle bana, bu nasıl bir duygu?"

Fatma sessiz duruyordu.

"Güzel bir duygu, değil mi?"

Fatma başını salladı.

"O zaman sen nasıl yakınlarına yardım ederken mutlu oluyorsan, daha doğrusu onlar senin bu yardımını kabul ederek seni nasıl mutlu ediyorlarsa, aynı şekilde sıra sana geldiğinde sen de sana uzatılan yardım elini, bu sevgi dolu eli tutma ve onları mutlu etme fırsatını kaçırmamalısın. Yardım etmeyi bildiğin gibi, yardım kabul etmeyi de öğrenmelisin. Onlar sana sadece ve sadece duydukları sevgiden yaklaşıyorlar. Bu en insancıl alışveriştir. Alacaksın, vereceksin. Bu noktada gurur olmaz, hem böyle gurur olmaz. Hayat boyu hepimizin, bir diğerinin yardımına gereksinmesi olacaktır. Yarın Işık'ın başı sıkışsa, sen ona yardım etmeyi düşünmez misin? Elbette düşünürsün. İşte bugün, senin yardıma gereksinmen var, arkadaşların sana koşuyorlar. Mesele bu kadar basit. Bilmem anlatabildim mi, yavrucuğum?"

Fatma önüne eğik başını salladı. Yavaşça koluna dokundum, işte o an sanki direncinin son dayanağı yıkılıverdi ve arkadaşımız hıçkıra hıçkıra ağlamaya başladı. Öğretmenimiz ona sarılarak, "Ağla yavrucuğum, her şey paylaşılmak içindir, kahkahalar gibi gözyaşları da paylaşılırsa yük daha hafif olur," dedi. Fatma artık iyice boşalıyordu; babasının hastalanışını, annesinin çaresiz halini, babası ölecek diye korkuşunu, bu arada işleri yetiştiremeyeceğim derken derslerinden geri kaldığı için çektiği üzüntüyü bir bir anlattı hıçkırıklar arasında. Sonunda da içini çeke çeke sustu.

Sabahat Öğretmen gülümseyerek, "Şimdi bir parça rahatladın değil mi, yavrum?" diye sordu. "Önce şunu söyleyeyim ki, baban ölmeyecek, çok şiddetli bir soğuk algınlığı geçiriyor. Sana yemin ederim, bu böyle ve baban iyileşecek. İkincisi, artık arkadaşlarınla el ele verip apartmanın işlerini yapacağınıza göre, derslerine daha çok zaman ayırabileceksin. Eh, ben de sizin kümeye birazcık anlayış gösteririm artık. Ajdaların doktoru babanı sık sık yoklayacak. Bu durumda artık üzüntü kalmadı, değil mi? Sen bunları en başından bizlere açsaydın, bunca zaman boşuna üzülmeyecektin." Sonra da kendi kendine mırıldandı. "Ama ne yazık ki, insan bazı şeyleri ancak kendi deneyimleriyle öğrenebiliyor."

İşte böyle, o günden beri, programı aksatmadan görevlerimizi yerine getiriyoruz. Doktor, Fatma'nın babasının her gün daha iyiye gittiğini söylüyor. Fatma da o eski haline döndü. Artık sınıfta esnemiyor, derslere yetişiyor. Gazete ve ekmek dağıtımı da oldukça eğlenceli. İnsanların sabah hali çok komik. Yüzler şiş, kimi aksi, kimi neşeli, çoğu da meraklı.

"Sen yandaki kapıcının çocuğu musun?"

"Peki dünkü çocuk kimdi?"

Daha neler de neler, bayağı eğlenceli oluyor. Tabii sıramızın geldiği sabahlar bir saat erken kalkıyoruz, ama değer. Yılbaşı yaklaşıyor: Yılbaşı gecesini anneannem ve dedemle geçireceğiz. Birbirimize armağanlar alacağız. Annemin koşulu, herkesin hediyesini kendisinin yapması. Yani şu annem de... Şunun şurasında üç gün kaldı, ne yapabiliriz, diye düşünüp duruyorum.

Sana iyi yıllar dilerim, Şerifeciğim. Fatma'nın da iyi bir yılbaşı geçireceğini düşünmek beni öyle mutlu ediyor ki... Artık içi rahat, babası iyileşiyor. Düşünüyorum da, hayatta en önemlisi insanın içinin rahat olması galiba. Derslerimi bitirmemişsem en güzel film, en güzel eğlence bile beni tam anlamıyla mutlu edemiyor, huzursuz oluyorum. Ama görevlerimi yerine getirmişsem, ohhh, öyle bir tadını çıkarıyorum ki sorma gitsin.

Güzelbahçe Apt. Kapıcı Yardımcılarından
Nilgün

2 Ocak

Sevgili Nilgüncüğüm,

Bugün çok üzücü bir haberim var. Babamın ortakçısı Hüseyin Ağabey ölmüş. Haber geldiğinde hepimiz donduk kaldık. Gepegenç, aslan gibi bir adamdı. Evimize ilk gelişini bugün gibi anımsıyorum. Babamın bir arkadaşı getirmişti onu. Öyküsünü anlattıktan sonra da babamdan Hüseyin Ağabeye yardım etmesini istemişti.

Hüseyin Ağabeyin dedesinin geniş tarlaları varmış. Günlerden bir gün yine oranın eski ailelerinden biriyle ortak olmuşlar, bu topraklarda birlikte çalışmak üzere anlaşmışlar. Gel zaman git zaman dedenin ortağı dürüst çalışmamaya başlamış. Hüseyin Ağabeyin dedesi de önce bir uyarıda bulunmuş, bakmış dinleyen yok, ortaklığı bozmuş. Buna kızan ortağı, onu güpegündüz tarlanın ortasında kurşun yağmuruna tutarak öldürmüş. Çevredekiler koşup gelmişler ama iş işten geçmiş.

Hüseyin Ağabeyin dedesini kurtaramamışlar. Vuran adam yakalanıp hapse atılmış. Yaptıkları kötülük bu kadarla kalsa yine iyi, bu kez başlamışlar ailenin öbür bireylerini de tehdit etmeye, 'Tanıklık yapmayacaksınız, mahkemeye gelmeyeceksiniz,' diye. Bunun üzerine dava günü dedenin en küçük kardeşi tabancasını çekerek, dedeyi vuran adamı mahkeme koridorunda herkesin gözü önünde vurmuş ve böylece bu kan davası başlamış. Artık iki ailenin de gözünü kan bürümüş; kin, nefret ve intikamdan başka şey düşünmez olmuşlar. Bir onlardan, bir Hüseyin Ağabeyin ailesinden suçsuz, masum kişiler, hatta çocuklar bile vurulmuş yıllar boyu.

Hüseyin Ağabeyin babası ve amcaları kan davasını sürdürmüşler. Tabii öbür ailenin üyeleri de ellerinden gelen her kötülüğü yapmaya devam ediyorlarmış. İki ailenin dostları bile bir diğeriyle görüşmemeye başlamış, köy ikiye bölünmüş. Ayrıca her iki ailenin erkekleri de silahsız, korumasız sokağa çıkamaz olmuşlar. Kimin kimi nerede vuracağı belli değilmiş. Derken sıra Hüseyin Ağabey ve kardeşlerine gelmiş. Kan davası hâlâ sürüp gidiyormuş. İşin garibi, ailenin kadınları bu kötü olayları önlemek için çaba harcayacakları yerde, ailenin minicik erkek çocuklarını, "Sen erkeksin, bir gün büyüyüp babanın, amcalarının öcünü alacaksın," diye öğütleyerek büyütüyorlarmış. Hüseyin Ağabey de böyle büyütülmüş ama o hepsinden akıllı olsa gerek, bir gün kendi kendine, 'Bütün bunlar ne kadar kötü, benim çocuklarımın suçu ne? Karşı tarafın masum olanlarının suçu ne?' diye düşünmüş. Oysa hem karşı tarafın sürekli tehdidi altında yaşıyor, hem de kendi ailesi tarafından öç alması için ona baskı yapılıyormuş. Bakmış olacak gibi değil, çocuklarını ve karısını alarak köyden kaçmış, buralara gelmiş.

Babamın arkadaşı bunları anlatırken, Hüseyin Ağabey başı önünde, sessizce dinliyordu. Bir sorundan kaçabilmişti, ama şimdi başka bir sorunla karşı karşıyaydı. Altı çocuğuyla karısını nasıl geçindirecekti, bir iş bulması gerekti.

Babam, "Üzülme evlat," dedi. "Her şeyin bir çaresi vardır. Önce sana bir iş bulalım. Benim yaylada bir yerim var, istersen ortakçım ol. Tarla ve masraf benden, işçilik senden. Kâr yarı yarıya. Yaylada bir de bahçe evi var, aileni al, oraya yerleş. İlk ürünü alana kadar da geçimin için sana bir miktar para vereyim, onunla idare edersin."

"Sağ ol ağam, bu iyiliğini ömrüm boyu unutmayacağım."

"Sen de sağ ol, oğlum. Akıllı bir gence benzersin, çoluk çocuğunu alıp oradan çıkmakla iyi etmişsin. Nasıl şeydir bu kan davası, nasıl sürdürülür, insanın aklı almıyor. Bizim törelerimize, dinimize, her şeyimize ters düşüyor. Neresinden tutsan, kötü, çok kötü bir iş."

İşte Hüseyin Ağabey o günden sonra babamla çalışmaya başladı. Gerçekten de göründüğü gibi mert ve çalışkan çıkmıştı. Düşün, ne acıklı bir durum: Toprakları, tarlası vardı fakat kendisinin ve çocuklarının geçimi için bir başkasının yanında çalışmaya zorlanmıştı. Zaten bu yüzden olacak, işleri ele alış biçimi, sanki mal sahibi kendisiymiş gibiydi. Dur durak bilmiyor, işinin dışında babamın öbür işlerine de canla başla koşuyordu. Yapılan iyiliğin altında kalmak istemeyen bir hali vardı. Kalmadı da, o kadar ki, kısa sürede babamın sağ kolu haline gelmişti. Babam, Hüseyin Ağabeyi çok seviyor, ona saygı duyuyordu. İlk ürün alındığında, babam Hüseyin Ağabeyi çağırıp hissesine düşen parayı, "Al, hayırlı uğurlu olsun," diye verince, Hüseyin Ağabey babamın eline sarılarak öpmek istemişti. Babam da, "Haydi oradan deli oğlan, ben o kadar ihtiyarlamadım," diyerek elini çekmiş, onu yanaklarından öpmüştü.

Babam, Hüseyin Ağabeye yardım etmek istiyor, ama onuru kırılır diye bunu belli etmeden yapıyordu. Bayramlarda çocuklara elbiseler, pabuçlar alır, her yaylaya çıkışta erzak armağan ederdi. Biz de Hüseyin Ağabeye bayılırdık. Çok güzel şiir yazardı; yaylaya çıktığımızda akşam olunca onun evine gider, "Haydi Hüseyin Ağabey, bize bir şiir oku," derdik. O, önce mırın kırın eder, sonra da büyük bir keyifle yazdıklarını okurdu. Bu arada karısı Ayşe Abla o tertemiz evinde bize çaylar hazırlar, köy ekmeği yedirirdi. Abdullah çoğu kez çayını içtikten sonra uyuyakalır, Hüseyin Ağabey de bizim eve kadar onu kucağında taşırdı. Her zaman bize verilecek ufak tefek armağanları bulunurdu. Bir kere çok güzel kaşık yapardı. Bana yaptığı kaşığı hâlâ saklarım. Ahmet'e de bir kaval yapmıştı. Yavaş yavaş durumu düzelmiş, hayatı bir düzene girmişti; keyfi yerindeydi. İşte sonra o düğüne davet etmişler, o da düğün kalabalığıyla birlikte traktöre atlamış, düğün evinin yolunu tutmuş. Yolda hızla giden traktör nasıl olduysa hendeğe devrilmiş, herkes, karısı, çocukları ufak tefek yaralarla kurtulmuşlar da Hüseyin Ağabey ölmüş. Bir tek ölen o. Zaten oldum olası, düğünlerin bu yanını sevmem. Hem bir taşıta gereğinden fazla insan alırlar, hem de hızlı giderler. Sonunda da böyle kazalar olur. Ama Hüseyin Ağabey ölmemeliydi, bu çok acı oldu.

Babam duyduğu an bembeyaz kesildi, gözleri doldu. "Allah rahmet eylesin, oğlum gibi severdim," diye mırıldandı. Şimdi onlar, Nazife Ablam ve annemle başsağlığına evine gittiler. Tam kapıdan çıkarken Hatice Ablam, "Zavallı Ayşe Abla, şimdi ne yapacak altı çocukla?" deyince babam, "Biz ne güne duruyoruz, kızım? Elimizden geleni yapacağız tabii," dedi. Nasıl sevindim anlatamam, gidip babamın boynuna sarılıp doya doya ağlamak istedim. Ablamın da gözlerinden sicim gibi yaşlar iniyordu.

Kusura bakma, seni üzdüm, ama her şeyi paylaşacağımıza dair birbirimize söz vermiştik. Bu olay beni çok sarstı, sana yazarak bir parça olsun avunmaya çalıştım. Şimdi yatmadan önce, Hüseyin Ağabey için dua edeceğim. Bu da benim ona armağanım olacak.

Sevgiler
Şerife

8 Ocak

Sevgili Şerifeciğim,

Hüseyin Ağabeye inan çok üzüldüm. Başınız sağ olsun kardeşim.

Bak Şerifecik dün aklıma ne geldi. Yarıyıl tatili yaklaşıyor ya, herkes planlar yapıyor, tatilde şuraya gidelim, buraya gidelim, diye. Ben de, Şerifelere gidebilsem ne iyi olurdu, diye düşündüm ve o anda zihnimde bir şimşek çaktı. Bir denemekten ne çıkar, dedim, gitsem anneme babama güzel güzel anlatsam, izin istesem... Dedemi de araya soksam... Zaten bu evde biz çocuklara en yakın kişi o, onun için de zavallıcık hep annemle anneannem tarafından azarlanır durur. O da beni desteklese... Düşün Şerife, bir de bakmışsın, bu işi başarmışım, izin vermişler! Atlar gelirim oraya, seninle on beş gün gezeriz, oynarız, konuşuruz; onca merak ettiğim güvercinleri, dövüş horozlarını, bahçelerinizi görürüm ve Abdullah'la tanışmış oluruz. Düşüncesi bile soluğumu kesiyor. Ah, bir izin verseler... Neyse, şimdi ben oturup inceden inceye bu işi nasıl becereceğimi düşünerek uygulamaya geçmeliyim. Sonucu sana gelecek mektubumda bildiririm.

Şimdi de seni bir parça olsun güldürecek, komik fakat o kadar da terbiyesiz bir olay anlatayım. Geçen gün coğrafya dersinde -şu coğrafya dersinde bir şey var galiba- tropikal iklimi inceliyorduk. Bizim sınıfta Tuncay adında yaramaz mı yaramaz bir kız var. Bilmem daha önce hiç sözünü ettim mi? Adının erkek adı oluşundan mıdır nedir, nasıl yaramaz anlatamam.

Yerinde duramaz, kıpır kıpır bir yaratık, kendi dursa dili durmaz. Kıvırcık kabarık saçları, kıpkırmızı yanakları, ışıl ışıl zekâ saçan gözleriyle ateş gibi, sevimli bir kızdır. Çok da çalışkandır, daha doğrusu zekidir. Onun hiçbir zaman hiçbir ders için fazla bir çaba gösterdiğini görmedim, ama tüm dersleri çok iyidir. Sabahleyin okula geldiğinde tertemizdir, fakat daha birinci teneffüs sonunda üstübaşı toz içinde, açılmış yakası kuyruk gibi arkasında sallanarak derse soluk soluğa yetişir, çünkü mutlaka bahçede oğlan çocuklarıyla itişmiştir. Daha küçük sınıflardayken Tuncay aşağı yukarı her iki günde bir, bir oğlan çocuğunu döverdi. Çocuk da ağlayarak öğretmene şikâyet edince, Sabahat Hanım onu kapının dışında ayakta cezada bırakırdı. O kadar çok cezada kalıyordu ki, bir süre sonra kendini oyalamak için bir yöntem bulmuş. Kapının dışında zıp zıp oynuyormuş. Öğretmenimiz bunu anlayınca, bu kez onu sınıfta ayakta cezaya koymaya başlamıştı. Fakat Tuncay dayak atma huyundan bir türlü vazgeçmiyordu. Derken bir gün oğlanlar birleşmişler, okuldan çıkınca yolunu kesmişler ve onu bir köşeye kıstırıp bir güzel pataklamışlar. Bunu tabii oğlanlardan duyduk. Tuncay gık demediydi. Ya, işte Tuncay böyle bir Tuncay. Bizimle oynamaz, azıcık tepeden bakar, 'Analarının kuzuları,' der, ama çok şeker ve dürüst bir kızdır. Ha, bir de garip olanı, üstübaşı her zaman darmadağınıktır da, defterleri ve yazısı son derece temiz ve özenlidir. Derste bir şeyi kaçırdık mı ondan isteriz, her zaman her bilgiyi en güzel ve temiz yazılmış biçimde onun defterlerinde buluruz. Kendi kendine deneyler yapar, evinin banyosunda füzeler uçurur.

Annesi ondan adamakıllı şikâyetçi, geçenlerde yine okula gelmiş. Sabahat Öğretmenle kızının durumunu konuşurken duymuştum. "Her an bir gümleme mi olacak, elektrikler mi kontak edecek diye yüreğim çarpıyor. Bu ne biçim kız çocuğu anlamıyorum. Sonra tehlikeli de, hep elektrikle oynuyor, Allah korusun," diye dert yanıyordu kadıncağız. Herhalde Tuncay ileride ünlü bir bilim adamı, pardon, bilim kadını olacak.

Neyse gelelim coğrafya dersine, öğretmenimiz epeyce anlattıktan sonra, "Tropiklerde ne zaman yağmur yağarmış? Kim söyleyecek?" diye sordu. Her kafadan bir ses çıkarken, arka sıralardan gür bir ses yükseldi. "Kargalar ishal olunca."

Herkes gülüyordu fakat Sabahat Öğretmenin yüzü öyle bir hal aldı ki, sınıftaki gürültüler, gülüşmeler bıçak gibi kesildi.

"Kimdi onu söyleyen?"

Yine bir sessizlikten sonra Tuncay ayağa kalkarak, "Bendim, özür dilerim öğretmenim," dedi.

"Bunu annenle görüşeceğim, Tuncay."

İşte o zaman Tuncay'ın rengi attı, 'Annenle görüşeceğim' demek en büyük cezaydı. Annesi evde bir süre deney yapmasını yasaklayacak anlamına geliyordu bu. Tuncay'ın annesiyle öğretmenimiz uzun ve çeşitli deneyler sonucu en etkili cezanın bu olduğu kanısına varmışlardı. Tuncay'ın yüzündeki gülümseme kırıntıları yok oluvermişti, kekeleyerek, "Çok üzgünüm öğretmenim, ama o anda, o cümlecik bana çok komik gelmişti," dedi.

"Ben de üzgünüm, Tuncay, fakat bundan böyle yapacağın şakaları daha iyi tartıp söylemeni isterim."

Teneffüste, "Tuncay, nasıl böyle bir şey söyleyebildin?" deyince gözlerinin içi güldü. Tuncay güldü mü, gözlerinin içine kadar güler. "Vallahi de billahi de o anda çok komik geldi, dilimi tutamadım, bir de baktım söyleyivermişim. Ne yapalım, oldu bir kez, ama gerçekten anneme söylerse yandık. Tam da yeni bir telefon sistemi üzerinde çalışıyordum," dedi ve hemen oyununa döndü, dünya umrunda değil onun.

Ayy, unutmuşum, yeni yıl kartını aldım, çok teşekkür ederim, Şerifeciğim, ben de senin yeni yılını kutlarım, ayrıca sana çok şık bir kart göndermiştim, herhalde aldın. Kart alışverişine çıkmaya bayılıyorum, ne güzel kartlar var, hele zarf ve kâğıdı takım olanları pek beğeniyorum. Ünlü bir doktor olunca, özel zarf ve kâğıdımı bastıracağım, köşesinde de armam olacak. Ama arma sadece soylularda olur, değil mi? Neyse canım, bir güzel desen, bir çiçek, öyle bir şey çizdiririm. Zarfın astarı da hep o desenden olur, bir başka köşeye de adımın ve soyadımın başharflerini yazdırırım.

Renkler de hep aynı olmalı ki, zarf ellerine geçer geçmez hemen, 'Bu Nilgün Hanımdan geliyor,' demeliler. Nasıl? Kokulu zarflar da dehşet. Hani parfüm sürerlermiş ya, eline alınca misler gibi kokan bir zarf düşün. Öte yandan, böyle bir zarf, ciddi bir doktor hanıma da pek yakışmaz gibime geliyor. Neyse canım, hele o günler bir gelsin, o zaman düşünürüz...

Yılbaşı gecesi çok güzel geçti. Dedemin Tarabya'daki evine gittik. Anneannem nefis bir hindi dolması yapmış, içini fıstıklı üzümlü pilavla doldurmuştu. Hindinin üstü nar gibi kızarmıştı. Sofrayı da özenle hazırlamış, en güzel tabaklarıyla bardaklarını, ortaya da süslü kırmızı bir mum koymuştu. Tatlı olarak da bizim en sevdiğimiz tatlıyı, krem karamel yapmıştı. Patlayasıya yedik.

Dedemse pencerenin önüne ufak bir çam dalını bir saksının içine yerleştirmiş, saksıyı renkli krepon kağıdıyla kaplamıştı. Çam dalını renkli toplar, parıltılı süsler, pamuklarla süslemiş, altına da rengârenk paketler koymuştu. Biz, hele de Defne, bu süslü çam dalını görünce keyifle bağrıştık. Bunun üzerine dedem övünerek, "Nasıl, bak gördün mü, bayıldı çocuklar," deyince, annem, "Ne var, ne oldu?" diye sordu. Dedem, "Kızım, ben şu çam dalını hazırlamaya başladığımda annen kıyameti kopardı. Yok efendim, bizde böyle bir töre yokmuş, yok körpecik çamlara günah değil miymiş, yani onu duyan da elime baltayı alıp fidanlığa girdiğimi sanacak. Bir kez ben ağaç kesmedim, kesseydim gerçekten yazık olurdu. Zaten budanacak olan bir dalı kestim, o da kendi bahçemden. Bu dala bir ağaç havası verdim, şunlarla bunlarla süsledim, çocukların hoşuna gitsin diye. İkincisi bizde gelenek değil, bu doğru. Gerçi bunu yabancı ülkelerden gördük ama ben tutup da aynen onlar gibi uygulayamıyorum ki. Onların yılbaşı ağacı anlayışı daha değişik, dinsel bir anlamı var, ben sadece bir yılbaşı süsü olarak beğendim ve kullandım, yani anneni duyan beni ağacın karşısına geçtim ve tapınıyorum sanacak. Alt tarafı zararsız, göze hoş gelen bir süs, bir dekor," diye uzun uzun dert yandı dedem. Sonunda da anneannem, "Peki, peki, haydi uzatma artık," diyerek dedemi susturdu.

Anneannem pek şık, pek güzeldi. Gümüş rengi saçlarına uygun, gümüş renkte pırıltılı bir elbise giymişti. Kraliçeler gibiydi. Dedem bizim için şömineyi de tutuşturmuştu, odunlar çıtır çıtır yanıyordu. Tabii televizyon sürekli açıktı. Yemeği bitirdikten sonra sıra armağanlara geldi. Dedemle anneannemin armağanları çam dalının altında, bizimkiler ise annemin büyük sepeti içindeydi. Annemin yüzünden, en uydurma armağanlar Defne'yle benimkiler oldu. Annem herkes hediyesini kendi hazırlasın, ufak olsun, çarşılardan alışveriş yok, diye bir kural koymuştu. Benim tabii hem kendime hem de Defne'ye bir şeyler düşünmem gerekiyordu. Sonunda Defne'ye, "Sen, herkesin kuruboyayla bir resmini yapıp armağan et," dedim ve ona birazcık da yardım ettim. Buluşları güzeldi, dedemi bahçede çiçekleriyle uğraşırken, anneannemi örgü örerken, annemi ona kitap okurken, babamı gazete okurken, beni de ders çalışırken yapmış. Ona benim resim kâğıtlarımdan verdim, kişilerin çevresine azıcık dekor yapmasını öğütledim, sonuç bayağı güzel oldu. Oldu da Defne bir türlü çenesini tutamaz, ona o kadar anlattım, bunlar sürpriz olacak, hiçbir şey söylemeyeceksin, günü gelince vereceksin diye. Ama sanki bunların tam tersini söylemişim gibi, ikide bir gider, ya anneme ya da babama, "Size sürpriz resimler hazırlıyoruz," der, bana da, "Haydi artık resimleri verelim. Daha günü gelmedi mi?" diye üsteler durur. Defne'nin armağan sorununu hallettikten sonra sıra kendiminkine geldi. Düşündüm, sonunda en güzel yazımla, her birine bir Nasrettin Hoca fıkrası yazmaya karar verdim. Sonra aklıma daha ilginç bir fikir geldi. Nasrettin Hoca fıkralarını resimlemeyi düşündüm, çizgi roman gibi. Çok cici, değişik oldu. İkimizin de armağanları pek beğenildi, anneannem torunlarının üstün yeteneklerini (!), "Valla torunlarım diye söylemiyorum..." diye başlayarak uzun uzun övdü, dedem de ikimizin eserlerini çerçeveletip yatak odalarına asacağını bildirdi. Defne'yle ben pek gururlandık.

Annemin tutumluluk kuralına uyan anneannem iki iri paketi işaret etti. Onlar bizim hediyelerimizdi. Paketleri açınca içinden yün örme sabahlıklar çıktı, benimki mavi, Defne'ninki şeker pembesiydi. Anneannem o kadar güzel örmüştü ki, ikisi de sanki şık ve uzun birer ev giysisiydi. "Bunları sıcacık giyersiniz, yavrularım," dedi biz boynuna sarılıp onu öperken. Şu anda sana yazarken üzerimde o sabahlık var...

Dedemin paketleri ise bir garipti. Paketler açılınca nedenini anladık. Benimki tam on tane çeşitli şekillerde minicik saksıdan oluşuyordu. Her birinin içine küçük kaktüsler, çeşitli yeşillikler ve Afrika menekşeleri dikmişti. Nasıl sevindim bilemezsin, kaç zamandır kendime bir saksı ya da yeşil yapraklar almak istiyordum. Dedemin tombul yanaklarından öperek ona teşekkür ettim. "Hepsini elimle diktim, nasıl bakacağını da sana sonra anlatırım. Şimdi Defne'nin hediyesini getireyim," dedi. Defne'nin paketi açılınca bir de ne görelim? Küçük bir sepetin içine oturmuş, etrafına şaşkın şaşkın bakan, kar gibi beyaz bir kedi yavrusu. Boynunda da pembe bir kurdele. Ay, Defne'nin yüzünü görecektin. Çıldırdı, çıldırdı. Defne hayvanları, hele hele kedileri çok sever. Herhalde o gece ondan mutlusu yoktu. Kedisini bağrına bastı, bir köşeye çekildi. Derken kedinin isim sorunu ortaya çıktı. Defne, 'Kontes', 'Prenses' gibi adlar istiyordu, biz de 'Pamuk' olsun diyorduk. Sonunda herkesi memnun eden bir isim bulundu ve kediye 'Pamuk Prenses' adı oybirliğiyle verildi. Gerçi çağırırken biraz, uzun oluyor, ama sahibi Defne olduğuna göre bize söz düşmez.

Derken annemler bizi öpüp arkadaşlarıyla buluşmak üzere gittiler. Her yıl, yeni yıl yemeğini birlikte yeriz, sonra annemler giderler. Az sonra anneannemlerin bazı dostları geldi, hep birlikte televizyon seyrettik, tombala oynadık. Saat on iki olunca öpüştük, birbirimizin yeni yılını kutladık. Defne kucağında kedisi, şöminenin karşısında uyuyakalmıştı. Anneannem içeriden kendi pişirdiği nefis pastalardan birini getirdi, yanında şampanya ikram etti. Ben de bir parça içtim tadına bakmak için, gazoz gibi, pek fena değil. Anneannem odamızı hazırlamış, Defne'yi giydirip yatırdık, sonra ben de soyunup yattım. Saksılarımı ve çiçeklerimi çok seviyorum, umarım onları kurutmam.

İşte Şerifecik, bu haftanın haberleri de böyle.

Örnek bahçıvan
Nilgün

15 Ocak

Sevgili Nilgüncüğüm,

Buraya gelmek istemene nasıl sevindim bilemezsin. Annemle babama anlattım, onlar da senin gelmeni çok istiyorlar. Babam. "Nilgün kızımıza yaz, annesine babasına söylesin, başımızın üstünde yeri var. Hele de böyle kendiliğinden bu arzuyu göstermesi bizi daha da sevindirdi, aferin, samimi kızmış," dedi. Kardeşlerim de seninle tanışmak istiyorlar. Seni bahçeye götürürüz. Hatice Ablam bize bol bol sıkma yapar, ağabeyim sana güvercinlerini gösterir, köpeğimiz Zeyno, kedimiz Gümüş'le tanışırsın. Abdullah'a dayanması biraz güçtür, ama belki de onunla anlaşırsın, mektuplarından anladığım kadarıyla sen yaramazlıklardan hoşlanıyorsun! Ah Nilgüncüğüm, sabırsızlıkla haberlerini bekliyorum, daha doğrusu evcek bekliyoruz.

Burada havalar iyice soğudu artık. Babam geceleri sık sık kalkıp dereceye bakmaya başladı mı, bil ki kış geldi demektir. Gerçi buralarda kar yağmaz, ama bizim gibi çiftçiler için en büyük korku dondur. Bir soğuk vurdu mu, gitti bütün yılın emekleri. Ayrıca zarar sadece o yıl olsa yine iyi, don olayını izleyen yıllarda ağaçlar bir süre kendine gelemez, dolayısıyla ürün de pek iyi olmaz. Ya kuraklık, işte en kötüsü bu... Ağaçlar, o canım ağaçlar gözünün önünde sararır, toprak çatlar, taşıma suylaysa bahçe sulanmaz, kuyularda da su kalmamışsa tam bir çaresizliktir. Birkaç yıl önce bir kuraklık olmuştu, çok iyi anımsıyorum da, köyde kimsenin ağzını bıçak açmıyordu. Zaten bir söz vardır, "Çiftçinin karnını yarmışlar, içinden kırk tane gelecek yıl çıkmış," diye; çünkü her yıl mutlaka bir şey olur, 'İnşallah gelecek yıla,' diye avunulur.

Geçen hafta sonu da hava serin fakat güneşliydi, hep birlikte bahçeye gittik. Yatak limonu dediğimiz, hemen satılan değil de, depolanacak olan limonlar hazırlanıyordu. Bahçe insan doluydu. Yere serilmiş hasırların üzerine rengârenk çiçekli bluzları, allı yeşilli hırkaları ve kara şalvarlarıyla kadın işçiler bağdaş kurmuş, harıl harıl çalışıyorlardı. Etraflarında cıvıl cıvıl çocukları koşturuyor, altı yedi yaşlarında minicik ablalar sırtlarında elma yanaklı kardeşlerini oradan oraya taşıyıp duruyorlardı. Ben, doğru kadın işçilerin arasına daldım, zaten çoğunu tanıyorum, hemen niyetimi anladılar.

"Ne o Şerife, yine bizim boncuklara mı bakcan?" diye gülüştüler. Bu bende bir tutku. Tülbentlerin kenarlarına geçirilen oyalara, boncuk işlerine bakmaya bayılıyorum, onları topluyorum. Bende bir çekmece dolusu oya ve boncuk işi var, geldiğinde sana gösteririm. Neler işliyorlar neler, papatyalar, güller, karanfiller... Bazıları da incecik boncuklardan dut, domates, biber şekilleri yaparlar, bunlar tülbentin kenarlarından salkım salkım sallanır.

Bir Ayşe Teyzemiz vardır; o en başta oturuyor, seçicilik yapıyordu, yani limonları boylarına göre üç kümeye ayırıyordu. Tülbentinin ucundaki boncuk işi çok değişik, daha önce hiç görmediğim bir örnekti. "Ayşe Teyze, bu ne güzel iş böyle, adı ne?" dedim. Bu boncuk işlerine mutlaka bir isim takarlar.

Elleri öylesine ustaydı ki, bakmaya gerek görmeden limonları ayırıyor, ayrı ayrı kümelere fırlatıveriyordu. "Türkân Şoray kirpiği."

"Ne?"

"Türkan Şoray kirpiği. Yaa Şerifem, hiç böylesini duymamıştın, değil mi?" dedi bir kahkaha atarak.

Sonra sarıcıların yanına iliştim, bir süre çene çaldık. Onlar da bizim köyün kızları, ablalarımın arkadaşları. Limonları alıp incecik ilaçlı kâğıtlara öylesine hızlı ve ustalıkla sarıveriyorlar ki, insan gözüyle bile güç izliyor. Ben de limon sarabiliyorum, ama çok yavaşım daha. Ben bir tanesini sarana dek, onlar birkaç taneyi bitiriveriyorlar. Yine de denedim. Ayşe Teyze, "Aferin Şerife, böyle olur, yavrum. Ablaların da bu yolla öğrendilerdi," diyerek beni yüreklendirdi.

Benim gibi acemi olanlara daha çok dolduruculuk görevi verilir. İlaçlı kâğıtlara sarılmış limonları sandıklara doldurursun. Abdullah'a gelince, o sandıkların başına geçmişti bile. Çakıcılığa bayılır. Limon dolu sandıklar geldikçe, ağzında çiviler, elinde çekiç, keyifle sandıkların kapaklarını çakıyordu. Annem, Abdullah'ın ağzında çivileri görünce çok kızdı. "Hemen çıkar onları ağzından. Şuna bakın hele, yutacak çivileri sonra da işin yoksa uğraş dur," diye onu bir güzel azarladı. Herkesin önünde paylanmasına fena halde içerleyen Abdullah, hışımla çekici ve çivileri bırakıp kesicilerin olduğu yere koşarak gitti.

Abdullah bu, orada da doğru durmadı tabii. Kesiciler ağaca çıkmış limon kesiyorlar, küfeciler de bunları kadınların olduğu yere taşıyorlardı. Az sonra oradan kahkahalar yükselmeye başladı, bağırtılı çağırtılı konuşmalar da duyuluyordu. Annem hemen o tarafa doğru seğirtti, ne oluyor diye. Meğer bizim Abdullah, adamlar ağaçta ya, eline bir değnek almış, ayaklarının altını gıdıklar dururmuş. Tabii Abdullah annemden ikinci kez azar yedi. Yine dua etsin, babam bahçenin öbür taraflarını geziyordu da olanları görmedi.

Öğlen vakti gelince annemin hazırladığı sac böreğiyle, kadınların yaptığı ayranı büyük bir iştahla yedik, içtik. Bahçede insanın iştahı bir başka açılıyor. Hava kararırken de bahçedekilerle vedalaşıp eve döndük.

Eve gelince bir de ne görelim? Kapının önünde Havva Nene. Meğer o da bize gelmiş, bulamayınca bahçeye gittiğimizi anlamış, oracıkta oturup beklemiş. Hepimiz onu çok severiz. Nasıl sevindik bilemezsin, çünkü pek sık gelmez, ama geldi mi de sohbetine, hele hele masallarına doyum olmaz. Hemen onu içeri buyur ettik.

Havva Nene çok çok yaşlıdır, ama öyle nurlu bir yüzü, öyle tatlı bir kahkahası vardır ki... Aslında yoksul bir kadın, herkes ona yardım eder, o da bu yardımların altında kalmamak için tığ işleri, danteller yapar, armağan eder. Bir de kurşun döker ve çok güzel masallar anlatır. O eski filesinin içinde neler yoktur neler.

Kurşun dökmek için eski bir tava, bir avuç kurşun, tığ örnekleri, bir sapı sağlam, öteki iple tutturulmuş kırık bir gözlük...

Kadıncağız daha yerine oturmamıştı ki, biz, "Nene, bize masal anlatacaksın, değil mi?" diye bağırışınca, annem, "Durun hele kadıncağız bir soluk alsın. Nasılsın bakalım, nene?" diyerek onu elimizden kurtardı. Havva Nene inleyerek sedire otururken, "İyiyim yavrum, iyiyim de şu romatizmalarım olmasa. Sizler nasılsınız bakalım?" dedi.

"Çok şükür canımız sağ. Yatak limonlarına bakmaya gittiydik."

"Limonlar nasıl bu yıl?"

"Çok iyi."

"Maşallah, maşallah. Bir kurşun dökeyim de nazar değmesin."

Bizler birbirimize bakıp gülüştük. Havva Nene, ne yapar yapar, kurşun dökmek için mutlaka bir bahane bulurdu.

"İyi olur, Havva Nene."

Azıcık dereden tepeden, evlenecek kızlardan, çeyizlerden söz ettikten sonra Havva Nene büyük bir ciddiyetle mutfağa geçti. Eski tavanın içine azıcık yağ koyup kurşunu bunda eritmeye başladı, vakti gelince tavadaki kurşunu dökmek üzere bir kâse suyu da bir kenara koymayı ihmal etmedi tabii. Bir yandan da o yaşlı çatlak sesiyle sesleniyordu, "Bir çarşaf getirin, hepiniz hazır olun, ben haydi dedim mi hemen geleceksiniz." Biz Abdullah'la koşup çarşafı getirdik. Herkes gülüyordu, hele Abdullah! Bir tek Havva Nene ciddiydi.

"Haydin, haydin, koşun çabuk," diye çığlıklar atmaya başlayınca, Abdullah herkesi iterek içeri koştu, tabii ben de. Yerdeki kilimin üzerine oturduk, çarşafı da başımızın üzerine örttük. Havva Nene dualar okuyarak, tepemizde tuttuğu tavadaki kızgın ve erimiş kurşunu soğuk su dolu kâsenin içine dökünce bir cazırtıdır koptu. Sulu Abdullah, "Of, yandım," diye fırladı, aklı sıra Havva Nene'yi korkutacak. Fırlayınca kafasını küt diye kâseye çarptı. "Ayyy..." dedi bu kez. Annemle aynı anda, "Oh olsun," dedik. Havva Nene ise çarşafın altındaki bu patırtıya aldırmadan üstümüze okunmuş sular serpti. "Artık çıkabilirsiniz," dedi. Sonra da okunmuş suyu evin her yanına bol bol serpti. Bu arada kurşunu hemen kapının önüne yere döktü, üzerine soğuk suyun dökülmesiyle kurşun katılaşarak şekil almıştı.

"Vay, vay, vay. Amanın ne göz varmış üstünüzde. Bak, şu akan yaşlara. Bak, bak, kurşundaki iğnelere. Elemterefiş kem gözlere şiş," diye söylenerek kurşunun aldığı şekillerin anlamını bizlere anlatıp duruyordu. Böylece hepimiz okunup üflendik, tüm kem gözleri de okunmuş sularla kurşunlar yok etti.

Havva Nene yorulmuştu. Annem, "Nene, bu gece bizde kal, yemeği birlikte yiyelim, sabah evine gidersin," dedi.

"Bilmem kızım, ev yalnız."

"Canım eve ne olacak bir gecede. Bak, çocuklar seni bırakmak istemiyorlar."

"Evet, evet, ne olur gitme, nene, bu gece bizde kal."

"Yavrularım, kurbanınız olayım. Pekâlâ, kaldım gitti."

O gece hep birlikte yemek yedik, ocakta kestane kızarttık, sonra hepimiz gevşemiş olarak kimimiz yer minderine, kimimiz sedire serildik. Gecenin en önemli olayını bekliyorduk.

"Havva Nene, ne olur bize bir masal anlat."

"Aman bıkmadınız mı aynı şeyleri dinleye dinleye?"

"Yok nene, haydi ne olursun."

"Peki, peki, hangisini anlatayım?"

"Şahmeran. Şahmeran'la Lokman Hekim'i anlat, nene."

"Bak gidinin kuzularına, en uzununu seçtiler."

"N'olur nene, n'olur."

Havva Nene, "Pekâlâ, pekâlâ," dedikten sonra, köşesine iyice yerleşti ve başladı o çatlak, uyku veren sesiyle anlatmaya:

Evvel zaman içinde kalbur saman içinde, bundan çok çok yıllar önce Çukurova'da bir doktor yaşıyormuş. Bu doktorun Lokman adında bir de oğlu varmış. Daha sonraları ünü dört bir yana yayılacak olan meşhur Lokman Hekim'miş bu çocuk. Babası ölmeden önce karısına, "Oğlumuz büyüyünce çok ünlü bir doktor olacak. Herkes her derdi için ona koşacak. İlmini ilerletince sen ona benim kitabımı ver, daha da bilgili olsun, insanoğluna hizmet etsin," demiş.

Adamcağız öldükten sonra ana oğul yaşamlarını birlikte sürdürmeye başlamışlar, fakat Lokman haylaz mı haylazmış. Bütün gün koşup oynamaktan başka şey düşünmez, anası da buna çok üzülürmüş.

Lokman böyle yaramazlık ededursun, Ceyhan yakınlarında Yılankale adında büyük bir saray varmış. Orada yılanların şahı olarak bilinen Şahmeran adlı bir yaratık yaşarmış. Şahmeran diğer yılanlardan farklıymış, belden aşağısı süt gibi beyaz bir yılan, belden yukarısı ise çok yakışıklı bir delikanlıymış. Simsiyah saçları, pırıl pırıl parlayan kapkara gözleriyle tam bir erkek güzeliymiş. Başında da değerine paha biçilemeyen pırlantalar ve yakutlarla bezeli bir taç taşırmış.

Şahmeran bir gün dolaşmak için Yılankale'den çıkar, fakat nasıl olursa olur, kayalıkların arasında yuvarlanıp yaralanır. Sürüne sürüne bir ağacın altına gelir ve başlar orada inlemeye.

Bizim haylaz Lokman da tam o sırada, odun kesmek için ormana gelir. İniltiyi duyunca o yana seğirtir, bir de baksın da ne görsün, yarı insan yarı yılan bir yaratık inleyip durur. Tabii Lokman çok korkar, onu gören Şahmeran ise dile gelip, "Korkma ey insanoğlu, benim sana bir zararım dokunmaz. Bana yardım et de Yılankale'ye döneyim," der. Lokman iyi kalpli bir çocuk olduğundan Şahmeran'a acır, onu kucağına alıp Yılankale'nin yolunu tutar. Bir kayalığın önüne gelince, Şahmeran onu durdurup birkaç sihirli söz söyler. Kayalar büyük bir gürültüyle ağır ağır açılır ve nöbet tutan iki kara yılan ortaya çıkar. Korku içindeki Lokman'la yaralı Şahmeran'a yol gösterip onları Yılankale'ye götürürler.

Hayatında ilk kez böyle bir yer gören Lokman'ın şaşkınlıktan dili tutulur. Göz alabildiğine uzanan güzel bahçelerin içinde neler yoktur neler... Fıskiyelerinden renk renk suların fışkırdığı havuzlar, bu havuzları çevreleyen baygın kokulu nadide güller, dallarında bülbüllerin şakıdığı ulu ağaçlar... Bütün bu güzelliklerin ortasından da bir mücevher gibi parlayan Şahmeran'ın görkemli sarayı...

Şahlarının yaralı olduğunu gören yılanlar hemen onu alıp yatırmışlar, yarasını temizleyip sarmışlar. Kendine gelen Şahmeran, Lokman'a türlü ikramlarda bulunmuş, ona altın tabaklar içinde leziz yemekler, billur bardaklarda şerbetler sunmuş. Lokman'a gelince, şaşkınlıktan ne diyeceğini bilemez halde, çevresine bakınır dururmuş.

Lokman'dan çok hoşlanan Şahmeran onu sarayında alıkoymuş ve kırk gün kırk gece en güzel biçimde ağırlamış. Sonunda anasının kendisini merak edeceğini söyleyen Lokman, Şahmeran'dan izin istemiş. Şahmeran, "Haklısın delikanlı, sen insansın, senin yerin onların arasında," demiş. Sonra, "Hayatımı sana borçluyum, dile benden ne dilersen," deyince, Lokman, "Sağlığından başka bir şey istemem," demişse de Şahmeran, "Ben yine de sana bir şeyler vermek istiyorum," diye üstelemiş. "Onun için otur yanıma ve sana anlatacaklarımı can kulağıyla dinle. Yalnız senden bir ricam var, benim ölümüm insan elinden olacak, onun için beni burada gördüğünü sakın kimseye söyleme."

Sonra Lokman'a diyeceklerini uzun uzun anlatmış. Ayrılık zamanı gelince, bir cinin taşıdığı, değerli taşlarla bezeli bir tepsinin içine oturarak, Lokman'ı Yılankale'nin dışına kadar geçirmiş. Kara yılanlar da onu yeraltı yollarından evine götürmüşler.

Onca zaman sonra Lokman'ı karşısında gören anası sevinç gözyaşları dökerek boynuna sarılmış. "A benim haylaz oğlum, günlerdir senin için ağlıyorum. Kim bilir bu oğlan nerelere gitti, başına neler geldi diye meraktan ölecektim. Şükürler olsun sana kavuştum. Şimdi söyle bakayım, nerelerdeydin?" Lokman anasına biraz gezip dolaşmak istediği için gittiğini söylemekle yetinmiş ve odasına kapanmış. Bütün korkusu büyük sırrı ağzından kaçırıp Şahmeran'ı tehlikeye atmakmış. Bu arada evdeki kitapları okumaya başlamış, okudukça okumuş, okudukça okumuş... Anası oğlundaki bu değişikliğe önce çok şaşırmış, sonra da sevinerek, şükürler olsun sana Allahım, bizim oğlan adam oluyor galiba! Rahmetli efendimin söyledikleri çıkacağa benziyor, diyormuş kendi kendine. Lokman okuyup bilgi edinedursun, biz yine dönelim Şahmeran'a.

Lokman'ın gidişinden sonra yine yalnız kalan Şahmeran, değerli taşlarla bezeli tahtında oturuyor, her yeri gören gözleriyle evlerin içini, tarlalarda çalışanları seyrederek avunmaya çalışıyormuş.

Yine bir yaz akşamı, her taraf burcu burcu yasemin kokarken, hep aynı yerlere bakmaktan bıkan Şahmeran, gözlerini dağların ardındaki Tarsus Beyinin sarayına çevirmiş, çevirmiş ya, yıldırım çarpmışa dönmüş yılanlar şahı. Meğer Tarsus Beyinin dünyalar güzeli bir kızı varmış. Bu kızın güzelliği tüm Çukurova'da destanlar gibi anlatılırmış. O günden sonra Şahmeran gözünü bu güzel kızdan alamamış, fakat yarı yılan yarı insan olduğu için gidip bu kızı babasından isteyemeyeceğini biliyormuş. Çaresizlik içinde sararıp solmaya başlamış. Derdini kimselere açamıyormuş, yılanlarda şaşkınlık içindelermiş. Yılankale'de dirlik düzenlik kalmamış.

Günlerden bir gün, Şahmeran yine tahtına oturmuş, Tarsus Beyinin sarayını seyrediyormuş. Bakmış sarayda bir hareket, meğer Tarsus Beyinin güzel kızı o gün hamama gidecekmiş. Bey kızının önünde ve arkasında saray muhafızları, yanında da hamam bohçalarını taşıyan cariyeler varmış. Hamama gelince, bohçalar açılmış, gümüş taslar, ipek peştamallar, yumuşacık havlular bir bir ortaya çıkarılmış. Sonra bey kızı kurnanın başına oturtulmuş, cariyeleri topuklarına kadar uzanan saçlarını çözüp başlamışlar genç kızı yıkamaya. Hamamda yıkanan kızın güzelliği, zavallı Şahmeran'ın aklını başından almış bir kükreyiş kükremiş ki, dağlar, taşlar inlemiş. Yılanlar şahı ok gibi fırlayıp kuş gibi uçarak varmış Tarsus Hamamı'nın kubbesine. Oradan içeri süzülmüş, fakat ıslak duvarlarda tutunamayıp kaymış ve büyük bir gürültüyle mermerlerin üstüne düşmüş. Sağa dönmüş çırpınmış, sola dönmüş çırpınmış ama kayıyor, bir türlü kaçamıyormuş.

Yılanı görünce hamam bir anda ana baba yerine dönmüş, bağrışanlar, kaçışanlar... Hemen saray muhafızları içeri girmişler ve zavallı savunmasız Şahmeran'ı Tarsus Hamamı'nda öldürmüşler. Şahmeran ölmeden önce son kez sevdiği kıza bakmış, kız da hayretle ona bakıyormuş. Göz göze gelince, Tarsus Beyinin güzel kızı da Şahmeran'ın gözlerine vurulmuş. Vurulmuş ama elden ne gelir, inci gibi gözyaşlarını içine akıtmış, kimselere bu aşkından söz etmemiş.

Yılankale'deki yılanlar ise her şeyden habersiz, şahlarının dönüşünü bekliyorlarmış. Şahmeran'ın öldürülmüş olduğunu bilseler, Tarsus'a saldırıp tek canlı bırakmayacakları kesinmiş. İşte bu nedenle, yüzyıllar boyu, "Adana selden, Misis yelden, Tarsus yılandan gidecek" sözü tekrarlanır durur. Tarsus halkı yüzyıllar boyu yılanların korkusu içinde yaşamış.

Şahmeran'ın acıklı sonunu tabii duymayan kalmaz. Haber Lokman'a ulaşınca, Lokman çok üzülür, günlerce yemeden içmeden kesilir, fakat Şahmeran'ın ondan yapmasını istediği bazı şeyler vardır ve artık zaman gelmiştir. Bunun için kalkar, Tarsus Beyinin sarayına gider. O sırada Şahmeran'ın ölümüne sevinen tek kişi Tarsus Beyidir, çünkü beyin vücudu yara içindedir. Hiçbir ilaç, hiçbir doktor bu yaralara çare bulamamıştır. Beyin bir de veziri vardır, büyücülük yapan bu vezir, Tarsus Beyine tek çarenin Şahmeran'ın gözleriyle ciğerlerini yemek olduğunu söylemiştir. İşte bu nedenle Şahmeran'ın ölümünü duyan Tarsus Beyi sevinir, artık vücudundaki yaralara çare bulunacaktır.

Tam bunlar konuşulurken, Lokman Hekim'in saraya geldiği ve beyle görüşmek istediği kendisine bildirilir. Artık ünlü bir doktor olan Lokman Hekim'in adını duymuş olan Tarsus Beyi, onu hemen buyur eder ve ne istediğini sorar. Lokman Hekim yardımcı olmak istediğini açıklayarak bu ilacı yalnız kendisinin hazırlayabileceğini söyler. Tarsus

Beyi pek memnun olur ve hemen Lokman'ı kendisini iyileştirmekle görevlendirir. Bütün bu konuşmalar ve gelişmeler büyücü vezirin fena halde canını sıkar. Vezir, Tarsus Beyinin iyileşmesini değil, ölmesini istemektedir, çünkü niyeti beyin yerine geçmektir. Bunu yapabilmenin tek yoluysa, Şahmeran'ın olağanüstü güçlerine sahip olmaktır, işte onun için Lokman'ın işe karışması canını sıkar.

İşe koyulan Lokman, Şahmeran'ın Yılankale'de kendisine uzun uzun anlattıklarını uygulamaya başlar. Önce Şahmeran'ın vücudunu üçe böler. Baş tarafını bir kazana, gövdesini bir kazana, kuyruk tarafını da yine bir başka kazana koyup kaynatmaya başlar. Bir süre sonra kazanlardan uğultular yükselir, "Derde devayım, hastalara şifayım," diye. Lokman hayretler içinde etrafına bakınır, kimsenin aldırmadığını görünce, bu sesleri bir tek kendinin duyduğunu anlar. Kazanlara daha da yaklaşır, gövdenin kaynadığı kazandan Şahmeran'ın sesi duyulur, "Lokman, beni bir daha kaynat, ikinci suyumu sen iç. Sakın unutma, ikinci suyumu sen iç."

Kuyruğun bulunduğu kazandaki ses ise şöyle der, "Lokman, sakın suyumu içme, yaşadığım sürece durmadan beni rahatsız eden kötü kalpli vezire içir."

Bu sırada vezir de durmadan Lokman'ın çevresinde dolanır durur. "Lokman kardeşim şu gövde suyunu ben içeyim, ağrılarıma iyi gelir. Sen de kuyruk suyunu içersin," der. Vezirden iyice kuşkulanan Lokman, ona gövde suyu diye kuyruk suyu içirir. Az sonra büyücü vezir sancılanarak ölür, böylelikle cezasını bulur. Lokman da gövde suyunu içer ve Şahmeran'ın tüm gücüyle bilgisi ona geçer.

Sıra Tarsus Beyinin tedavisine gelmiştir. Lokman birer gün arayla beye, Şahmeran'ın gözlerini ve ciğerlerini yedirir, sonra da gidip Tarsus Hamamı'nda yıkanmasını öğütler. Hamamda yıkanan beyin vücudundaki tüm yaralar pul pul olup dökülür ve altından bembeyaz bir ten çıkar. Tarsus Beyi artık çok memnundur, hemen Lokman'ı çağırtıp, "Beni iyileştirdin, dile benden ne dilersen, ey Lokman," der. Lokman ise başını sallayıp, "Sağlığınız," diyerek izin ister, artık orada görevi bitmiştir.

Tarsus Sarayı'ndan ayrılan Lokman yine yollara düşmüş. Kırlardan geçerken bir uğultu duymuş, bakmış rüzgârda sallanan otlar, ağaçlar, çiçekler bir şeyler anlatıyorlar. Pembe bir çiçek bir yandan nazlı nazlı sallanıyor, bir yandan da, "Lokman, ben hatmi çiçeğiyim. Boğaz, nezle, göğüs hastalıklarına, hele hele öksürüğe çok iyi gelirim," diyormuş. Lokman hayretler içindeymiş; biraz daha ilerlemiş, her yerde otlar, çiçekler ne işe yaradıklarını bir bir sayıp döküyorlarmış. İşte o zaman Lokman, Şahmeran'ın ona verdiği gücün ne olduğunu iyice anlamış ve sevgili dostunu minnetle anmış, artık insanoğluna daha da yararlı olacağı için çok mutluymuş.

Tüylü, beyaz çiçekli anason, "Karın ve mide ağrılarına, bulantılara iyi gelirim."

Sarı, pembe çiçekli kantaron, "İştah açar, sindirimi kolaylaştırır, vücudu güçlendiririm."

Altın gözlü papatya, "Boğaz ağrılarında beni kullan."

Yemyeşil yonca, "Baş ağrılarına birebirimdir."

Soğan, "İştah açar, sindirimi kolaylaştırır, idrar sökerim, baygınlığa da iyi gelirim."

Nazlı, narin gelincik, "Tatlı uykular veririm."

Ebegümeci, "Ben her derde devayım. Öksürüğe, bronşite, mideye çok iyiyimdir," diye övüm övüm övünüyormuş.

Sarımsak, "İnsanlara benim kadar yararlısı azdır," diyormuş. "İştah açar, vücudu güçlendirir, ishali keser, damar sertleşmesi ve tansiyon yüksekliğine iyi gelirim."

İşte böylece Lokman artık kırları geziyor, duyduklarını bir ağacın altına oturup defterine yazıyormuş. Oğlunun kendini iyice ilme adadığını gören anası, ona babasının defterini vermiş. Lokman Hekim'in ünü artık sadece Çukurova'ya değil, dünyanın dört bir yanına yayılmış. Derdi olan ona koşuyormuş. Lokman da gezebildiği yeri geziyor, gittiği yerlere şifa götürüyormuş. Sonunda Nur Dağları'nın eteğindeki Misis kentine yerleşmiş. Misis kentini seçmesinin nedeni, oradaki dağlarda her çeşit hastalık için iyi gelen otların bulunmasıymış. Böylece ömrünün sonuna dek, insanlara hizmet ederek, onları iyileştirerek yaşamış, gitmiş."

Havva Nene durdu, hepimiz hâlâ onun ağzına bakıyorduk. "Yetmez mi bu akşamlık, kuzularım? Ağzım dilim kurudu," deyince hepimiz çekildiğimiz köşelerden bağrıştık. "Valla da olmaz, billa da olmaz."

Başını nenenin kucağına koyup uyuyakalmış olan Abdullah uyanıverdi ve hemen sanki uyuyan o değilmiş gibi. "Valla olmaz, billa olmaz, daha Lokman Hekim'in sonu var," diye çabuk çabuk konuşmaya başladı. Uyku sersemliği içinde bir tuhaf konuşuyordu, yine o bir tutam saçı havaya kalkmış, gözleri yumuk yumuktu, çok komik bir hali vardı. Bizler gülüşünce kızdı, "Ne gülüyorsunuz be?" diye bağırdı. Annem, "Terbiyeli konuş bakayım, uyku senin başına vurmuş. Hem yeter kadıncağızı yorduğunuz. Haydi, doğru yataklara," diyerek masal faslına son verdi. Hepimiz zaten çok yorgunduk, karşı çıkmadan gidip yattık. Ben o gece düşümde hep mücevherlerle bezeli tacıyla Şahmeran'ı gördüm.

Nilgüncüğüm, Havva Nene'nin masalları hoşuna gider diye sana iletmek istedim.

Öpücükler
Şerife

20 Ocak

Sevgili Arkadaşım,

Of, of, of! Başaramadım Şerife. Size gelmeme izin vermiyorlar. Dedemle birlikte onca dil döktük. Babanın beni davet ettiğini söyledik, yok, yok.

Zaten şimdiye dek hayatta ne istediysem olmadı. Ne kadar mutsuzum, Tanrım. Öyle de heveslenmiştim ki...

Artık hiç ders çalışamayacağım ve onların istediği hiçbir şeyi yapmayacağım.

Dünyanın en mutsuz kızı
Nilgün

*

Mektubun zarfını kapatırken Nilgün'ün gözlerinden yaşlar iniyordu, ama bu yaşların hırsından mı, üzüntüsünden mi olduğunu doğrusu kendisi de pek kestiremiyordu. Kalktı, odanın içinde hızlı hızlı gitti geldi, çalışma masasının bacağına bir tekme attı. Bu kez de ayağı fena halde acımıştı, yeniden gözlerinden yaşlar boşandı.

İçeriden hâlâ büyüklerin sesi geliyordu. Anneannesiyle dedesi tartışıyorlar, annesinin sesine Gülbahar'ınki karışıyordu. Tüm bu gürültünün nedeni Nilgün'ün Şerife'ye gitmek istemesiydi.

Olay o gün öğleden sonra şöyle gelişmişti: Nilgün daha önceden dedesine planını açıklamış ve onun kendisini desteklemesini ısrarla istemişti. Dede torunlarına çok düşkündü, hele de üzgün bir yüzle karşısına geçip yalvaran gözlerle kendisine baktılar mı, yapamayacağı yoktu. Nilgün, "Dedeciğim, siz yarın gelin, beraberce söyleyelim," demiş, dede de bu işi nasıl becerebileceklerini derin derin düşünmesine karşın, torununun isteğini kıramamıştı.

O gün dedesiyle anneannesi çay vakti yine Nilgünlerdeydiler. Annesi de işten erken gelmişti. Tatlı tatlı konuşurlarken, dede torun birbirlerine bakıp söze başladılar. Önce dede, "Bakın, Nilgün'ün sizlere güzel bir haberi var," diyerek konuyu açtı. Herkes dönmüş Nilgün'e bakıyordu. Belgin Hanım, "Hayrola yavrum, neymiş bu güzel haber?" diye sorunca, Nilgün, "Anneciğim, Şerife'nin babası beni Mersin'e davet ediyor. Şerife de, kardeşleri de benimle tanışmayı çok istiyorlarmış," dedi.

"Aa, bu da nereden çıktı? Yani durup dururken ne diye davet ediyorlar seni?"

"Canım pek de durup dururken sayılmaz, ben Şerife'ye bu yarıyıl tatilinde herkesin bir yerlere gideceğini, benim de onlara gitmek istediğimi yazmıştım. Bu, babasının hoşuna gitmiş, 'Başımızın üstünde yeri var, annesiyle babasına söyle, onu davet ediyoruz,' gibi bir haber göndermiş bana, Şerife aracılığıyla."

"Aman kızım, aman kızım, ömürsün vallahi. Buna düpedüz kendi kendini davet ettirmek denir."

"Ama anne..."

Dede söze karıştı. "Belgin, bunlar sonuçta iki çocuk, onların arasında bu tür kurallar olacak değil ya. İkisi de zaten aylardır birbirlerini merak ediyorlardı. Bizim kız açık açık istediğini yazmış. Şerife'nin babasının da bu hoşuna gitmiş olacak ki, onu çağırıyor."

Anneanne ıslık gibi fısıltıyla, "Anneyle çocuğun arasına girme, zaten hep böyle yaparsın," deyince dede kızdı. "Allah Allah, anneyle çocuk arasına girmeymiş. Sanki o benim kızım, öteki de torunum değil," dedikten sonra küsmüş gibi koltuğunda öbür tarafa döndü.

"Anneciğim, şimdi Şerife gelmek istese, siz bunu istemez miydiniz?"

"Tabii isterdim. Mektuplarından ve senin anlattıklarından terbiyeli bir kız çocuğu olduğu belli."

"Eh işte, durumu tersine çevirin. Ben gitmek istiyorum, onlarda beni, sizin Şerife'yi beğendiğiniz gibi beğeniyorlar ki istiyorlar."

Belgin Hanım derin derin içini çekti. "Yavrum anlamıyorsun, sana çok kolay görünüyor, ama biz seni hiç tanımadığımız kişilerin evine, bilmediğimiz yerlere nasıl gönderebiliriz? Onlar davet ediyor olsalar bile, her çağrı hemencecik kabul edilir mi? İnsan tanıdık olur, bir samimiyeti olur, kalkar gider, ama seninki gibi bir durumda... Yok, yok, olacak iş değil."

"Anne, bir de babama sorsak?"

"Kızım, babanın da benden farklı düşüneceğini hiç sanmıyorum."

Dede yavaş bir sesle, "Belgin, iyi insanlara benziyorlar, sonra adresleri de var, ne olabilir? Bu çocuklar pek heveslenmişlerdi," dedi, ama söylediklerine kendisinin de pek inanmadığı belli oluyordu.

Belgin Hanım sabırlı olmaya çalışarak, "Babacığım, çok iyi insanlar olabilirler, ben ona bir şey söylemiyorum, ama kızımı bilmediğim bir yere gönderip ben burada nasıl rahat olurum? Bana da hak verin, onun arkadaşıyla buluşmasını, eğlenmesini isterim. Onlar Şerife'yi yollasınlar, buna karşı gelmem," dedikten sonra Nilgün'e döndü. "Anlaşıldı mı yavrum, bu istediğin olacak şey değil. Babana da açsan, durum değişmeyecektir."

Bu sözler üzerine Nilgün koşarak salondan fırladı, kapıyı büyük bir gürültüyle çarparak odasına kapandı. Aynı anda Belgin Hanım ayağa fırladı, Nilgün'ün kapıyı çarpmasına sinirlenmişti fakat dede onu kolundan tuttu. "Bırak kızım, onun şu anda ne kadar büyük bir düş kırıklığı içinde olduğunu anlamaya çalış," diyerek yerine oturttu.

Odasına giren Nilgün bir yandan ağlıyor, bir yandan da yastığını yumrukluyordu. Sonra masasının başına geçip Şerife'ye o kısa ve öfkeli mektubu yazdı.

Bir süre sonra kapı tıkırdadı, gelen Defne'ydi. Küçücük kafasını uzatmış, Nilgün'e bakıyordu. "Nigocuğum, sana pasta getirdim, bunu ye, Şerife'yi unutursun." Başka zaman olsaydı, Nilgün kardeşine gülerdi, ama o denli kızgındı ki, "Lütfen gider misin burdan, seninle uğraşacak halim yok benim!"diye bağırdı. Bu kez de Defne'nin yüzü allak bullak olmuştu. Küçük kız en iyi niyetlerle ablasını avutmaya gelmiş, ablası ise onu bir güzel azarlamıştı. Alt dudağı titremeye başladı, elindeki tabağı da farkında olmadan eğmiş, çatal bıçak büyük bir gürültüyle yere düşmüştü. Büsbütün korktu ve sessizce ağlamaya başladı. Kardeşinin üzgün ve şaşkın halini gören Nilgün, hemen kendini topladı, ona doğru koştu. "Korkma canım, ben şimdi onları toplarım," dedikten sonra eğilip çatal bıçağı yerden aldı. "Haydi gel, içeri gir de pastayı seninle birlikte yiyelim. Çok teşekkür ederim, Defnocuğum. Kusura bakma, sana bağırdım, ama öylesine üzgünüm ki..."

Defne içini çeke çeke sustu, gözyaşları arasından ablasına gülümsemeye çalıştı.

"B-ben i-içerde p-pastamı yemiştim."

"Olsun, çikolatalı pasta olunca sen nasıl olsa yine yersin. Bir sana, bir bana yaparız," deyince Defnecik hiç karşı çıkmadı, pastalara oldum olası dayanamazdı.

İki kardeş oda kapısını kapattıktan sonra, Nilgün'ün yatağına yan yana oturup gözlerini silerek pastayı yemeye başladılar. Arada bir içlerini çekerek birbirlerine bakıp gülümsüyorlardı.

14 Şubat

Sevgili Şerifeciğim,

Onca umutlandıktan sonra seninle buluşamadığımız için yarıyıl tatiline büyük bir üzüntüyle girmiştim, ama tatil boyu kendime geldim.

Şimdi sana daha sakin olarak olayı anlatayım, çünkü bir önceki kısa mektubumu anımsıyorum da, kim bilir o öfkeyle neler yazdım sana... Dedemle birlikte konuyu anneme açtık. Annem, benim kendi kendimi davet ettirdiğimi, bu tür yolculuklar için daha çok küçük olduğumu ve beni merak edeceğini söyleyerek izin vermedi. Ayrıca annenle babanın nazik davetleri için teşekkür ettiğini bildirmemi istedi. Dedemle elimizden geleni yaptık, ama olmadı.

Biliyor musun, tatil güzel şey! Sabahları dilediğimce uyuyorum, geceleri televizyon seyrediyorum, gel keyfim gel. Öğlenleri bile kestiriyorum. Tabii Defne izin verirse... Dün tatlı bir öğlen uykusuna dalmıştım ki, Defne koluma pat pat vurarak uyandırdı.

"Ne var, Defne?" dedim.

"Sabahleyin bana yaptığın limonata çok güzel olmuş, Nigo'cuğum, eline sağlık, haydi uyu şekerim," dedi ve çıktı gitti. Tabii uyuyabilirsen uyu.

Bu mektubumda sana, tatilde gerçekleştirebildiğim için gurur duyduğum bir şeyi anlatmak istiyorum. Tatilin ilk günleriydi, yine yağmur yağıyordu, hava soğuktu. Ben oturmuş ders çalışıyordum. Defnoş da kucağında Pamuk Prenses, benim odamda dergilere bakıyordu. Birden, "Ah, ne güzel!" dediğini duydum; kendi kendine konuşur gibiydi, "Nedir o güzel olan?" diye sordum. Büyük bir hayranlıkla bana elindeki dergiyi uzattı. Dergide bir bebek evinin fotoğrafı vardı.

İki katlı, çatısı kırmızı kiremitlerle kaplı, minicik odaları, eşyaları, perdeleri, hatta halılarıyla gerçekten her çocuğun rüyasına girecek güzellikte bir bebek eviydi. Benim bile öyle bir bebek evim olsa, oynar dururdum. "Çok güzel," diyerek dersime döndüm. Dersim bittiğinde. Defne hâlâ hayran hayran resme bakıyordu. "Bakmaya doyamadın mı, bıdık?" dedim. Hayır anlamında başını salladıktan sonra, "Bu resmi kesip saklayabilir miyim? Bari resmi bende kalsın," demez mi?.. Ah Şerifeciğim, o 'bari' sözcüğü beni bir etkilesin, bir içime dokunsun...

Gece yatağıma yattığımda, farkında olmadan hep aynı şeyi düşünüyordum. Anneme söylemem bile anlamsızdı, çünkü böyle bir bebek evi ne kadar pahalıydı kim bilir. Dışarıdan getirtme olanağımız hem yoktu, hem de getirtsek kim bilir kaça patlardı. Öte yandan da Defne'nin yüzündeki hayranlık gözümün önünden gitmiyordu. Sonra o kadar küçük olmasına karşın, arsız arsız 'isterim' diye tutturmamış, kibarca resmi kesip hayran hayran seyre koyulmuştu. Birden beynimde bir şimşek çaktı. Bu evi kardeşime ben yapamaz mıydım? Öyle heyecanlanmıştım ki, yatağın içinde kalkıp oturmuşum da farkında değilim. Başladım düşünmeye, o iki katı nasıl yapabilirim? Büyük bir mukavva kutu alsam, onu ikiye bölsem? Yok, pek olmayacak. Bir tenekeciye tarif etsem ya da bir marangoza? Bu olabilirdi... Ama İstanbul'da bunları bulmak, ısmarlamak ve en önemlisi beklemek tam bir sabır işiydi. Oysa vakit yoktu, bunu ancak tatilde yapabilirdim. Evde kullanabileceğim bir şey bulamaz mıydım? Eski erzak kutuları? Eski bir küçük dolap? Evet, evet, eski kitaplığım! Eski kitaplığım bu iş için biçilmiş kaftandı. Ay, nasıl seviniyordum bilemezsin, bir an önce sabah olsa da gidip eski kitaplığıma bir baksam, işe koyulsam diye kıvranıyordum. Onu Defne'ye vermiştim, o da oyuncaklarını dizmişti. Üç raflı, dümdüz, tahtadan bir kitaplık. Bu işi tatil sonuna kadar bitirmeliyim, diye düşündüm, çünkü daha sonra derslerimden vakit olmayabilirdi. O gece heyecanımdan yattığım yerde döndüm durdum, bir türlü uyku tutturamadım.

Sabah kalktığımda her şey kafamın içinde en ufak ayrıntısına kadar hazırdı. Kahvaltımı bitirir bitirmez, Işık'a telefon ettim. "Çok önemli bir işte bana yardımcı olur musun?" diyerek ona her şeyi anlattım ve ancak elbirliğiyle çalışırsak evi bitirebileceğimizi söyledim. Işık bu buluşu çok sevdi ve, "Hemen Fatma'ya haber verelim," dedi.

"Sen bugün öğleden sonra bize gel, benim sabahleyin zaten alışverişe çıkmam gerek, oradan da Fatma'ya uğrar, gelmesini söylerim," dedim. Ajda uzakta oturduğu için ona telefon edip buluşumuzu ve çalışmalarımızı anlatacaktım. Hiçbirimizin ders çalışmak dışında bir işi yoktu, havalar da kötüydü, bu hepimiz için hem eğlenceli hem de yararlı bir uğraş olacaktı. Sonra dönüp Defne'ye, "Defnoş, ablan ve arkadaşları sana o bebek evinin tıpkısını yapacaklar," diye büyük haberi açıkladım. Yüzünü görecektin! Yalnızca, "Sahi mi?" diyebildi. Annem de o sırada Defne'yi giydiriyordu. "Bu sözünü ettiğin nedir, Nilgün?" deyince ona her şeyi anlattım. Pek beğendiği halinden belli oluyordu. "Çok güzel. İlahi Nilgün, neler de bulursun. Böyle düşünceli bir ablan olduğu için ne kadar şanslısın, Defne," dedikten sonra, "İyi ama bu eve benim de bir katkım olsun," diye ekleyince, ben de fırsatı kaçırmadım. "Peki anneciğim olsun, evin tüm masrafları size ait olsun, anlaştık mı?"

"Anlaştık efendim. Çarşıya çıkarken size para vereyim de bu küçükhanımın evi için gerekli masrafları gör." Defne sevinçle ellerini çırpıyordu.

Defne'nin elinden tuttum, köşe başındaki kırtasiyeciye gittik. Bol bol uhu, beyaz ve kırmızı karton aldık. Duvar kâğıdı olarak kullanılacak süslü kap kâğıtlarını da Defne'nin beğenisine göre seçtikten sonra Fatmalara gittik; ona da durumu anlatıp öğleden sonra gelmesini söyledim.

Yol üstündeki nalburdan bir kutu beyaz yağlıboya aldım, sonra da yanımızdaki pastaneden öğleden sonra arkadaşlarıma ikram etmek üzere, güzel bir üzümlü kek aldım. Keklerin içinde en sevdiğim üzümlü kektir, arkadaşları bahane edip en çok ben yerim, kih, kih, kih.

Öğleden sonra Işık'la Fatma geldiler. Defne'yle birlikte onlara çayla üzümlü kekimizi sunduk. Bu arada da düşüncelerimi anlattım. Hep birlikte Defne'nin eski kitaplığına gidip baktık, elimizde de o nefis bebek evinin fotoğrafı. Tabii aradaki bu fark üzerine önce bir an umutları kırılır gibi oldu. Ben hemen, "Kitaplığın karalığı sizi ürkütmesin. Ben beyaz yağlıboyayla onu iki kat boyadım mı harika olacak. En üst rafa kiremitli çatıyı yapacağız. İki çok kalın kartonu A biçiminde birbirine tutturup üzerlerine kırmızı kartondan minik minik kiremitler kesip yapıştıracağız, tıpkı balık pulları gibi. Sonra beyaz kartonla ara duvarlarını yaparak odaları oluşturacağız. Kitaplık zaten duvara dayalı olduğundan bu yüzü açık olacak. Defne de rahat rahat oynayabilecek. Bu, işin yapım bölümü. Gelelim iç süslemelere: Karton duvarları ve arka tahta duvarı şu süslü paket kâğıtlarıyla kaplayacağız. Yatak odaları daha açık renkler ve ufak desenlerde olacak, yemek odası, salon daha ciddi renklerde. Çatının altını büyük bir salon olarak düşünüyorum. Onun altındaki rafa bir yatak odası ve banyo, en alt rafa da yemek odasıyla mutfağı yaparız. Ne dersiniz, çocuklar?"

Arkadaşlar, bir benim çizdiğim hayali ve renkli tabloya, bir de duvara dayalı kara ve eski kitaplığa bakıp, 'Her şeye karşın seni kırmak istemiyoruz' dercesine, "İşe koyulalım," dediler. Oysa ben sonuçtan emindim.

Onu izleyen günlerde hummalı bir çalışma dönemine girdik. Işık tam yüz elli tane kiremit kesti ve damı döşedi. Çatı o kadar güzel oldu ki; A biçimi, kıpkırmızı, sıra

sıra kiremitler... Resme bakarak kiremitlerin şeklini çizdik, sonra yine resme bakarak sıralayıp yapıştırdık. Ben, nezle olmayı göze alarak arka balkona gazeteler döşeyip kitaplığı beyaza boyadım. Birinci kat boyadan sonra kitaplık annemin deyişiyle, 'yoğurtlu patlıcana" benzedi. İkincisinde fena değildi, üçüncüde iyi oldu. Ama ben de bu arada nezle oldum tabii.

Fatma harıl harıl her odaya, oda renklerine uygun, tığla minik halılar işlemekle meşguldü. Odaları ayıran bölmeler yaptık, kapılar açtık, duvarları sözümona duvar kâğıtlarıyla kapladık. Öyle şirin kap kâğıtları var ki... Yatak odasına açık mavi, üzerinde süslü şapkalı bebekler olanını seçtik. Salon için minik çiçek buketi, yemek odası için de yeşil yapraklar ve kırmızı güller olan bir kâğıdı kullandık. Fatma'nın ördüğü halıları yerlere koyduk. Tabii yine yatak odasındaki mavi, salondaki kırmızı, yemek odasındaki de yeşil renkteydi. Kaldı perdeler. Onda da annem imdadımıza yetişti, parça bohçasını önümüze koydu. Baktık, lekelenmiş çay peçeteleri var, hem de dantel gibi bir kumaştan. Bizim marifetli Fatma hemen minicik perdeler dikiverdi, onları da raptiyeyle bir güzel tutturduk.

Derken sıra geldi eşyalara. Defne'nin eskiden kalma mutfak, banyo ve yemek odası takımları vardı. Onları bir güzel silip yerleştirdik. Kaldı salon ve yatak odası takımı...

Onun için yine hep birlikte, önde Defne, arkada bizler, kırtasiyenin yanındaki küçük oyuncakçıya gidip eşya baktık. Oradan, büyük tartışmalar sonunda, salon ve yatak odası takımları alındı. Yine hep birlikte eve gelip işe koyulduk. Salonun lambasına, minicik telefonuna kadar her şey yerleştirildi. Ev artık hazırdı, adını da 'Villa Tonton' koyduk. Evin bitmesine yakın Ajda geldi. Zavallıcık Anadolu yakasında oturduğundan bizlerle birlikte olamadı, ama onu her gün telefonla arayıp yaptıklarımızı anlatıyordum. Elinde paketler, "Defne'ye ev hediyesi getirdim," diyerek içeri girdi ve, "Ne olur hemen gösterin, meraktan bayılacağım," dedi. Ona evi gösterdiğimizde bayıldı, bayıldı. Işık, "Ne yalan söyleyeyim, Nilgün ilk sözünü ettiğinde hiç de böyle olabileceğini tahmin etmiyordum," dedi. Fatma da, "Ben de, ama hevesin kırılmasın diye sesimi çıkarmadım," deyince, onlara, "Sanki ben sizin neler düşündüğünüzü anlamadım mı? Ama güzel olacağından o denli emindim ki, işi sürdürdüm," dedim.

Ajda'nın ev hediyeleri, aslında kalemtıraş olan minicik televizyonla yine kalemtıraş bir çalar saatti; onları salon ve yatak odasına koyduk. Sonra mutfak için minicik bir kova, bir süpürge ve bir çift takunya getirmişti; hepsi aslında anahtar uçları ya da duvara asılan nazarlık süsleri. Anlaşılan Ajda epeyce araştırma yapmış. Defnoş bu son eşyaları da keyifle mutfağına yerleştirdi. Tam o sırada kapı çalındı, yukarı katta oturan Gülriz Ablaydı gelen. Çok şeker bir abladır. Meğer o da eve katkıda bulunmak istiyormuş. Beni arka balkonda ağzımı burnumu atkılarla sarmış, boya yaparken görmüş, ne yaptığımı sormuştu; ben de bir yandan boya işimi sürdürmüş, bir yandan da villamızı anlatmıştım. O da ne yapmış biliyor musun, seramikten bir aile. Bir anne, bir baba, iki de çocuk ve de minicik bir beyaz kedi, yani Pamuk Prenses. Eh, Defne o gün çıldırmadıysa bir daha dünyada çıldırmaz.

İşte böylece tatilin sonuna kadar çok şükür Defno'nun evini bitirebildik. Yağmurlu ve soğuk havalarda, evde hep birlikte bu kadar eğlendiğimizi anımsamıyorum. Saatler uçup gidiyordu, Şerifecik. Düşün dışarıda soğuk, içeride biz, sıcacık çaylarımızı içip kek yiyor, müzik dinliyor, bir yandan da Defne'nin evinin son eksiklerini tamamlıyorduk. Neler yaptık neler... O minicik yataklara parça bohçasından bulduğumuz dantellerden minicik yastıklar ve yatak örtüleri mi, yünlerden minicik battaniyeler mi istersin...

Defne artık eviyle yıllarca oynayabilecek, öyle mutlu, öyle mutlu ki. Laf aramızda biz de kocaman kızlar olduğumuz halde, onun eviyle oynuyoruz. Yukarı katta oturan Gülriz Abla seramikçi ya, bir de minicik yemek takımı yapmış. Minik mavili beyazlı tabaklar, çorba kâsesi, sürahi, salata tabağı, görsen bayılırsın. "Haydi yatağa," diyoruz, örtüler kalkıyor, bebekler yatırılıyor, üstleri battaniyelerle örtülüyor. Çok keyifli çok.

Bugün tatilin son günü. Tüm ödevlerim hazır, ayrıca tatilimi çok güzel ve yararlı biçimde geçirdiğim için mutluyum. Bir şeyler yaptım, ortaya kendi çabamla bir şeyler koydum ve kardeşimi mutlu edebildim.

Mimar Nilgün
Mühendis Nilgün
Dekoratör Nilgün

25 Şubat

Sevgili Nilgüncüğüm,

Ah sorma neler oldu neler! Ahmet Ağabeyin güvercinleri yandı. Nasıl üzülüyor, nasıl üzülüyor zavallı. Yalnız o mu, hepimiz çok üzgünüz.

Bundan birkaç gün önce, annemler evde ekmek pişiriyorlardı. Ben de yine penceremin içinde oturmuş, ders çalışıyordum. Bir ara baktım, bahçeci Avni Efendi koşarak geliyor, elleriyle kollarıyla damı işaret ediyor. Ne oluyor diye kitabımı bırakıp pencereden başımı uzattım. Asma yapraklarından pek bir şey görünmüyordu. Avni Efendi ise, "Yanıyor, yanıyor!" diye bağırıyordu. Hemen yerimden fırlayıp sofaya koştum, annemler de dışarı çıkmışlardı. "Ne var, ne oluyor?" diyerek bahçeye çıkıp evin damına baktık. Baktık ki ne görelim, güvercinlerin dolabı tutuşmuş, kapkara bir duman yükseliyor, dolabın üstündeki hasır da alevler içinde. Hepimiz donmuş kalmıştık. Annem, "Koşun çocuklar, çabuk hepiniz kova, leğen ne bulursanız su doldurup dama taşıyın. Güvercinler yanıyor," diye bağırarak hepimizi harekete geçirmese, biz hâlâ orada öylece durup kalacaktık.

Avni Efendi, ablalarım, ben, Abdullah koşup elimize ne geçtiyse, musluktan, tulumbadan su doldurup dama taşıyorduk. Annem de gelen su dolu kovaları, birbiri ardına alevlerin üstüne boşaltıyordu. Aksilik bu ya, rüzgâr da vardı, alevler giderek büyüyor, dolabı sarıyordu. Nazife Ablam, "Avni Efendi dolabı açmaya çalışsak!" diye bağırdı.

"Dolabın biri kilitli, biri değil," dedi Avni Efendi, bir yandan da nereden bulmuşsa bulmuş, demir bir çubukla kilitli olmayanı açmaya çalışıyordu. O da Nazife Ablamla aynı şeyi düşünmüş olmalı. Bir an çevreme bakındım, görünüm dehşet vericiydi. Rüzgâr alevleri hızlandırmış, hepimizin üstü başı ıslanmış, annemin başından tülbenti uçup gitmiş, kovaları alevlere doğru sallıyor da sallıyor, Avni Efendi demir çubukla oraya buraya vuruyor. Annem, "Hatice, koş bir kilim getir," diye seslendi. Hatice Ablam koşarak giderken, Avni Efendi kilitli olmayan dolaba iyice yaklaştı. "Dikkat et!" çığlıkları arasında dolaba bir tekme attı, dolap yere devrilirken kapısı açıldı, içinden beş altı güvercin fırladı, uçup gittiler. Dolap alevler içinde yerde yanıyordu. Ablamın getirdiği kilimi elbirliğiyle dolapların üstüne attık. Yangının önü alınmıştı, ama başarılı olduğumuzdan değil, dolaplar yanıp kül olduğundan, alevlerin hızı zaten yavaşlamıştı. Kilim son alevleri de söndürdü. Ah Nilgüncüğüm, o güvercinlerin dolabın içindeki çırpınışlarını, seslerini ömrüm boyunca unutamayacağım herhalde. Yangından bu yana her gece düşümde onların sesini duyuyorum.

Damın hali içler acısıydı. Dolaplar kapkara, çirkin birer iskete dönüşmüş, yerler su içinde kalmıştı. Hepimiz soluk soluğaydık ve gözlerimizden yaşlar iniyordu. Ağladığımızın farkında bile değildik.

Tam o sırada ağabeyimin ıslığı duyuldu, öbür bahçede, bisikletiyle dönüyordu. Avluya girince bizi gördü, bir an durakladıktan sonra, "Ne oluyor damda?" deyip merdivenleri ikişer ikişer atlayarak çıktı ve yanımıza geldi. Hiçbirimiz konuşacak halde değildik, hem ne söyleyebilirdik?

Sağına soluna bakındı, Avni Efendiye, "Kurtulan oldu mu?" diye yavaşça sordu.

"Sadece altı tanesi, geri kalan yirmisi de yandı."

"Nasıl olur bu, nasıl olur?" diye kendi kendine mırıldandı ağabeyim, gördüklerine inanamıyor gibi.

Annem ona yaklaşarak, "Oğlum, ekmek pişiriyorduk, ocağı fazla yakmış olmalıyız, bacadan kıvılcım sıçrayıp dolapların üstündeki hasırları tutuşturmuş herhal," derken suçlu gibiydi.

Güvercinlerin dolabı, kışın bacanın sıcaklığından yararlansın diye, bacaya dayalıydı. Kimin aklına gelirdi böyle olacağı? Tam o sırada kanat sesleri duyduk, kurtulan altı güvercin gelip dama kondular. İki tanesinin başları ütülmüştü, ağabeyim bir koşu gidip odasından merhem getirdi, yaralarına sürdü, sonra kuşlarını teker teker eline alıp uzun uzun sevdi. Ağabeyimin o hali yüreğimi paraladı, Nilgüncüğüm. Neden sonra Avni Efendiye dönerek, "Avni Ağabey, artık güvercin görmek istemiyorum. Bunları gördükçe öbürlerini anımsayacağım, içim kaldırmıyor. Onun için sen bunları da bir tanıdığına ver," dedikten sonra yavaş yavaş merdivenleri inip odasına kapandı.

Ahmet Ağabey o gece sofraya oturmadı. Aslını istersen hiçbirimizin yiyesi yoktu, biz de Fitilli'ye, Bulutlu'ya, Akrep'e, Göksakar'a ve Zırhlı'ya öylesine alışmıştık... Babam, "Ahmet bir şey yemeyecek mi, hanım?" deyince, annem, "Ben ona birazdan bir bardak süt götürürüm," dedi.

Babam, "İyi ama sofraya küsmek olmaz. Çağır bakayım onu buraya," dedi.

Annem gitti, az sonra ağabeyimle geldiler. Zavallının gözleri kıpkırmızıydı.

"Otur oğlum, bir şeyler ye."

"Baba, hiç yiyesim yok."

"Bak oğlum, çok üzgünsün, haklısın ama sofraya küsülmez, günahtır. Sen üzüldün, biz de çok üzüldük, ama bir düşün, bu dünyadan insanlar göçüp gidiyor. Yarın öbür gün ben de, annen de hatta, Allah gecinden versin, kardeşlerin de yok olacağız. Allah'a inanacaksın, dinimizde çok üzülmek yoktur. Allah verir, Allah alır, sabrını da yine O verir."

"Sadece güvercinlerimi yitirdiğime yanmıyorum, kendimi de suçluyorum, baba. Onların yanmasına ben neden oldum. İşte beni asıl kahreden de bu."

"Nasıl neden oldun yani?"

"Geçende arkadaşlarla bir şey konuşuyorduk. Bir ara 'Güvercinlerimin hayrını görmeyeyim ki bu böyle,' dedim, oysa o konuda pek de emin değildim, salt onları ikna etmek için böyle söylemiştim. İşte şimdi güvercinlerim yandı, zaten o sözü ettiğim günden beri de huzursuzdum, sanki cezalandırılmamı bekliyordum, olan güvercinlerime oldu, baba."

"Olan olmuş bir kez. Öte yandan haklısın, böyle yemin etmek, hele de sevdiklerinin üzerine, hiç doğru bir şey değil. Sen bunu acı bir şekilde öğrendin, ama kişi yanlış yapa yapa öğrenir, ders almışsın ya, önemli olan budur. Haydi artık üzülmemeye çalış, iki lokma bir şey ye, oğul."

Ahmet Ağabeyim günlerce kendine gelemedi. Hâlâ neşesiz, arada bir dama bakıyor, gözleri doluveriyor. Babamın onu teselli etmesine karşın, sanırım hâlâ kendini suçluyor. Geçen gün Hatice Ablam odasını toplarken, masasının üstünde onun güvercinlerine yazdığı bir şiiri bulmuş, o kadar beğenmiş ki, gizlice bize de okuyup yine yerine bıraktı.

Ahmet Ağabeyimin şairliği de vardır. Çok acıklı, ama güzel bir şiir. Güvercinleri tanıdığın için şiirin ilk iki kıtasını yazıyorum sana. Ahmet Ağabey bir duysa, önce ablamı, sonra da beni kör testereyle keser herhalde.

Bir gün önce sevinçle uçuşurken göklerde
Gezinirken gururla bebek gibi ellerde
Kim derdi bir gün sonra saracak sizi alev
Kalmadı arkanızda ne yuva, ne de bir ev.

Neredesin Fitilli, neredesin Bulutlu
Ne etsin Ahmet sizsiz umudu
Ne Akrep kaldı şimdi, ne de Göksakar
Anılarınız yüreğimde kanar...

Nilgüncüğüm güvercinlerin derdinden kendi sorunumuzu unutacaktım neredeyse. İzin alamamana, buraya gelememene inan en az senin kadar üzüldüm. Oysa seni göreceğim diye ne hazırlıklar yapmıştım. Ama annemle babam, senin annenle babana hak verdiler. "Biz de olsak, seni tek başına göndermezdik," dediler.

Tüm bu üzücü haberlere karşın bir güzel haberim var: Babamlar Nazife Ablamın üniversiteye gitmesine izin verdiler. Ne harika, değil mi? Nazife Ablam zaten aylardır yılmadan çalışıyordu. Tabii annemle babam da bunun farkındaydılar.

Geçen gece Nazife Ablamın çalıştığı bankanın müdürü Hasan Bey geldi. Babamın çok iyi ve eski bir dostudur. Meğer Nazife Ablam için konuşmaya gelmiş. Nazife Ablamın bankada ne kadar ciddi ve çalışkan olduğunu söyledikten sonra, onun üniversiteye gitmesine neden izin vermediklerini sormuş.

Onlarla tartışmış, Nazife Ablamı savunmuş, böyle ciddi ve çalışkan bir kıza güvenmeleri gerektiğini, okumak istemesinin olumlu bir şey olduğunu bizimkilere uzun uzun anlatmış ve mucizeler mucizesi, onları razı etmiş. Hoş, annemle, babam zaten yumuşamaya başlamışlardı ya...

Nazife Ablam nasıl sevindi bir görsen. Sonra oturup hep birlikte planlar yapmışlar. Nazife Ablam artık işi bırakıp bir dershaneye yazılacak ve tüm zamanını üniversiteye giriş sınavlarının hazırlığına ayıracak.

Aile içinde sessiz çekişme bitti. Artık hepimizin tek bir amacı var: Nazife Ablamın üniversite giriş sınavlarında başarılı olması. Hasan Bey gittikten sonra Nazife Ablam hepimizi kucakladı, öptü.

"Ne kadar mutluyum. Artık gönül rahatlığıyla sadece sınavları düşünebilecek, sınavlara hazırlanabileceğim, Allah'ın izniyle de başaracağım," diyordu.

O gece yattığım yerden, Nazife Ablamın sınavları kazanıp avukat olabilmesi için bütün kalbimle uzun uzun dua ettim.

Sevgiler
Şerife

6 Mart

Sevgili Şerifeciğim,

O güzelim güvercinlere nasıl üzüldüm, nasıl üzüldüm. Bizler bu denli üzüldüğümüze göre, zavallı Ahmet Ağabeyin halini tahmin edebiliyorum. Çok feci bir şey.

Bak sana ne diyeceğim; Nazife Ablanın durumunu annemle babama anlattım. Babam diyor ki, "Nazife buraya geldiğinde onunla ilgileniriz. Bir öğrenci yurduna yerleşmesine, okuldaki ilk günlerine yardımcı oluruz. Yıl boyu da arada sırada, eğer isterse, hafta sonları bize çıkabilir. Annesiyle babası merak etmesinler, elimizden geldiğince onunla meşgul oluruz."

Nazife Ablan herhangi bir şey gerektiğinde hiç çekinmeden bizi arayabilir. Annenle baban da kızlarını merak ederlerse, bizi arayıp sorabilirler. Sen bu yazdıklarımı olduğu gibi Nazife Ablaya ve babanlara ilet lütfen. Nazife Ablanla tanışmaktan büyük mutluluk duyacağız. Bir de seninle tanışabilseydik, Şerife, ne harika olurdu, değil mi? Ama buna da şükür, mektupla da olsa, öyle bir dost kazandım ki, dünyalara değişmem.

Biliyor musun, senin bana yazdığın, Havva Nene'nin anlattığı Lokman Hekim'le Şahmeran'ı Kitaplık Kolu'nun okuma saatinde arkadaşlara okudum, Sabahat Öğretmen de vardı. Hepsi çok beğendi. Bizlere anlatabileceğin daha başka masallar var mı? Bunları bana yazarsan hepimiz çok sevineceğiz.

Derslerimiz çok sıkılaştı. Sabahat Öğretmen de, laf aramızda, yüklendikçe yükleniyor. Sürekli testler yapıyor, sonra puanları okuyor. Sınavlar da giderek güçleşiyor, okulun ders durumu böyleyken sorma başıma neler geldi.

Geçen gün yine hava çok soğuktu. Teneffüste kimse dışarı çıkmadı. Sınıfın havası da çok bozulmuştu, haklı olarak Şişko Hadi, "Biraz pencere açsan Serap, Temizlik Kolu olacaksın, kokudan burnum düşecek," dedi.

Tabii Serap hiç laf altında kalır mı? "Temizlik Kolu isek senin uşağın değiliz, kalk da kendin aç."

"Niye ben açacakmışım, bu senin görevin. Temizlik Kolu hanfendisi."

Tuncay söze karıştı. "Amma uzattınız, çocuklar. Hadi, sen de madem istiyorsun, açıver şu camı, bitsin gitsin."

Serap, "Hayır efendim o açamaz," diye söylendi. "Çünkü tıkınmak için kantine koşacak, sonra da sınıfın kokusundan şikâyet eden beyfendi, burcu burcu sucuk kokarak geri gelecek ve işte asıl o zaman herkesin burnu düşecek."

"Amaaan çocuklar," diyerek Tuncay yerinden kalkıp pencereyi açtı. "Ne kadar da uzatıyorsunuz!" Tuncay yaramazdır, ama hiç böyle saçmalıkları yoktur.

Pencere açılınca da bir başka kıyamet koptu. Bu kez sorun yaratan Avni'ydi. Avni çok sıskadır ve hep üşür. Okula annesinin ördüğü alacalı bulacalı, çeşit çeşit yelek ve hırkalarla gelir. Hem de önlüğün altına giydiği ve kendisinin 'alt yelek' dediği, bir de önlüğünün üstüne giyip, 'üst yelek' dediği çifte yeleklerle. Avni, "Ben üşüyorum, temiz hava almak isteyen dışarı çıksın, ne yapalım yani," diye mırıldanırken, hâlâ kantine gidememiş olmanın verdiği sinir içinde Hadi, "Nenem bile senden sağlam, utan be, erkek olacaksın," diye cüssesine hiç de yakışmayan tiz bir sesle bağırıyordu.

"Ben de senin gibi yağ tulumu olsaydım tabii üşümezdim, Şişkooo..."

"Sen kendine bak, sinek sıklet. Git de dedemin samur kürkünü giy, Avanak."

İşte bu son söz üzerine o sıska olan Avni, Şişko Hadi'nin üzerine öylesine bir hışımla saldırdı ki, herkes şaşırdı. Başladılar itişmeye. Gül eline cetveli almış, sıraya vuruyor, "Susun, yapmayın," diye bağırıyor, fakat bu iyi niyetli davranışıyla onlardan daha çok gürültü yapıyordu. Sonunda Selim, takma adıyla Red Kit, Gül'ün yardımına koşup onları ayırdı, böylece hepimiz rahat bir soluk, aldık. Bu Selim iyi bir arkadaştır. Çok akıllı ve usludur, itişip kakıştığı görülmemiştir, ama pısırık da hiç değildir. Bir seferinde ortaokuldan bir çocuğu dövdüğünü duymuştuk, yani gerektiğinde de kendini çok iyi korur. Derslerine yeterince çalışır, ama kimse ona 'hafızlıyor' diyemez. Bizimle yaşıttır fakat ondan çekiniriz nedense. Öğretmenimiz bile ona yetişkin biriymiş gibi davranır. Kavgaları o ayırır, güçsüzleri korur, dersi zayıf olanlara yardım eder. Bizim matrak Tuncay'ın şahane buluşunu ya da benzetmesini sana yazmış mıydım? Bir gün yine Mânâ ile Avni ya da Serap ile Hadi, tam anımsayamıyorum, kavga ediyorlardı, o sırada yine Selim içeri girdi, onları ayırdı ve geldiği gibi sessizce sınıftan çekip gitti. Arkadan Tuncay tahtaya giderek söyle bir işlem yaptı.

Hadi + Avni + Mânâ + Serap = Dalton Kardeşler

Selim = Red Kit

Bu işlem ya da benzetme, Daltonlar'dan başka herkesin hoşuna gitti ve isimler müthiş tuttu. Şimdi sınıfta herkes onlara 'Daltonlar' diyor, Selim'in ise Red Kit adına aldırdığı bile yok, şöyle bir gülümsedi tahtayı görünce, o kadar.

Neyse, nerede kalmıştım, ha, Selim onları ayırıp ağır adımlarla sınıftan çıktı, arkasından Şişko Hadi avcundaki bozuk paraları sayarak kantinin yolunu tuttu. Avni de homurdanarak bir sıranın üstüne çıkıp pencereyi kapattı. Tam bu sırada Işık içeri girdi. Yanakları al al, gözleri pırıl pırıldı, sanki ateşi vardı. Etrafına bakmadan gidip sırasına oturdu; çok garip bir haldeydi. Bense haritamı boyamakla meşguldüm. Öyle heykel gibi oturması tuhafıma gitmişti, kalkıp yanına gittim. "Işık, hasta mısın, neyin var? Biliyor musun, az önce Daltonlar yine olay çıkardılar. Olay nedeni de oldukça önemliydi. Pencere açık mı kalmalı, kapalı mı? Böylesine önemli bir sorun karşısında bir karara varılamayınca, iş eyleme döküldü ve tabii her zaman olduğu gibi Red Kit'in gelişiyle mutlu sona bağlandı... Senin neyin var kuzum, gülesin diye anlatıyoruz bunları."

Işık birdenbire hıçkırarak ağlamaya başlamasın mı!.. Hoppala bu da neyin nesiydi?

"Ne oluyor, söyle bana," dedim.

Hıçkırıklar arasında, "Söyleyemem, ben mahvoldum, öleyim daha iyi," diye zar zor konuştu.

"Bak Işıkçığım, lütfen saçmalama. Ne mahvolması? Ne ölmesi? Oturup anlatman, böyle ağlamandan daha yararlı olur. Bunu sen de biliyorsun. Derdin her neyse, bir çare ararız."

Işık, "Çare yoook," diyerek bu kez sıranın üzerine kapanıp ağlamaya devam etti. Ama kızıyordum artık, beni bunca merakta bırakmaya hakkı yoktu. "Işık, hemen ayağa kalkacak, benimle tuvalete gelip yüzünü o buz gibi soğuk sularla yıkayarak kendini toplayacak, sonra da neler olup bittiğini anlatacaksın," dedim ve onu kolundan çekiştire çekiştire tuvalete götürdüm. Yüzünü yıkadı, zavallıcık hâlâ hıçkırıyordu.

"Haydi anlat, Işıkçığım."

"Anlatamam, söyleyemem."

"Kızım, ne yaptın bu kadar saklayacak? Yoksa birini mi öldürdün?"

Işık azıcık gülümsedi. "Yok canım."

"Ee, iyi ya, ne yapsan daha kötüsü olamaz. Haydi anlat."

"Ah Nilgün, çok utanıyorum."

"Ama Işık ben de çok kızmaya başlıyorum. Söyle şunu da sen de kurtul, ben de kurtulayım."

Işık durdu durdu, sonra 'Olup bitsin de kurtulayım' dercesine, "Öğretmenimizin çantasından sınav sorularını aldım," dedi.

"Ne???"

"Öğretmenin çantasından soruları aldım diyorum." Işık yine ağlamaya başlamıştı, ama bende konuşacak hal kalmamıştı. Bizim akıllı, uslu, çalışkan arkadaşımız Işık, böyle çirkin bir şeyi nasıl yapardı? Hani Daltonlar'dan biri yapsa yine neyse de, Işık... Işık bu işi nasıl yapmıştı?

"Ama niye, Işık? Notların iyi, durumun iyi, neden?"

"Son sınavlarda çok çalışıyor, ama bir türlü istediğim notu alamıyordum. İnan, gece yarılarına kadar kitaplardaki her sözcüğü ezberliyordum, problemleri de öyle. Ama sınavda ancak ortanın üstü alabiliyordum. Neden böyle oluyor? Siz benden daha az çalıştığınız halde, benden yüksek notlar alıyorsunuz. Bizim kümede en düşük puanı alan benim."

"Ama yine de notların, puanların iyi. Zayıf olanları öğretmen uyarıyor, bunu biliyorsun. Senden ise memnun."

"Ama son zamanlarda sizinkiler kadar iyi değil. Bu da çok gücüme gidiyor."

"İlahi, Işık... Peki, nasıl yaptın, yapabildin bu işi?"

"İnan başlangıçta kötü bir niyetim yoktu. Öğretmenler odasına tebeşir almaya gitmiştim. Sabahat Öğretmenin çantası iskemlenin arkasında asılıydı. Çanta heybe biçiminde olduğundan ağzı açıktı, ben de sınav sorularını böylece gördüm. Görünce de dayanamadım, niyetim alıp bir bakmak, sonra da yerine koymaktı. Sorular hakkında bir fikrim olursa, ona göre çalışırım ve bu kez istediğim notu alırım, diye düşünüyordum. Bir yandan da deliler gibi korkuyordum. Elimi attım, soru kâğıtlarını çekip aldım."

"Ay, ay dinleyemeyeceğim, Işık. Nasıl yapabildin, hem de öğretmenler odasında?"

"Dedim ya, niyetim şöyle bir göz atıp koymaktı fakat o kadar korkuyordum ki, şakaklarım zonkluyor, okuduğum hiçbir şeyi anlayamıyordum. Tam o sırada bir ayak sesi duydum, ardından da karşımda Sabahat Öğretmeni buldum."

"Eyvah, eyvah, dinleyemeyeceğim, dünyada dinleyemeyeceğim. Durmasana canım, sonra ne oldu?"

"Bir saniyede kendimi masanın öbür ucuna atmıştım, çantanın bulunduğu iskemleden uzağa yani. Sabahat Öğretmen, 'Bir şey mi var, Işık?' diye sorunca, 'Hayır öğretmenim, tebeşir almaya gelmiştim,' dedim. 'Peki yavrum,' dedi ve defterlerini karıştırmaya başladı, ben de kendimi sınıfa attım."

"Öff öldüm. Çok şükür ucuz atlatmışsın."

"Ne ucuz atlatması, Nilgün? O telaşla, soru kâğıdını çantaya geri koyamadım, zaten zamanda yoktu. Aldığım yere biçimli koymam gerekiyordu, anlaşılmasın diye. Ve şu anda soru kâğıdı bende."

Yine ağlamaya başladı; bu kez benim de onu teselli edecek halim kalmamıştı. "İşte şimdi hapı yuttuk," diye mırıldandım, sonra sordum. "Peki şimdi ne yapacaksın?"

"Ne olur yardım et bana. Ne yapacağımı bilemiyorum."

"Işık, ben ne yapabilirim? Daha doğrusu bu durumda ne yapılabilir?"

Zil çaldı, mecburen sınıfa yollandık. Soru kâğıdının Işık'ın elinde olması, bana sanki yanımızda bir saatli bomba varmış duygusunu veriyordu. İnan, o derste ne okuduk, ne yazdık bilemiyorum. Çok sarsılmıştım. Işık'ı çok severim, nasıl böyle bir şey yapabilmişti? O denli akıllı, çalışkan, aklı başında... Peki şimdi ne yapmalıydık?

Teneffüste birlikte bahçeye çıktık, konuşurken kimse bizi duymamalıydı. Işık, "Nilgün, eğer bunu yaptığım anlaşılırsa, beni okuldan atarlar, bu bir, babam da herhalde beni ömrü boyunca bağışlamaz bu iki, annemin babamın yüzüne nasıl bakarım? Mahvoldum, mahvoldum."

Düşünüyordum. Arkadaşım gerçekten çok kötü bir şey yapmıştı, ama o yine de benim arkadaşımdı, üstelik iyi kalpli ve çalışkandı. Bir hata yapmıştı, bunun acısını da fazlasıyla çekiyordu. Onu kınayacağıma, kendisine yardımcı olmalıydım.

"Bir çare bulmalıyız," dedim.

"Şu soru kâğıdından bir kurtulsam... İnan Nilgün, hâlâ sorular nedir bilmiyorum. Öğretmenler odasında korkudan okuyamadım, dersteyse açıp bakmadım bile. İçinde ne var bilmek istemiyorum. Sıfır alsam umrumda değil, yeter ki şu kâğıttan bir kurtulayım."

Sessiz, soğuk bahçede, ellerimiz ceplerimizde yürümeye devam ettik.

Işık birden, "Gidip öğretmenler odasına baksak, belki Sabahat Öğretmenin çantası hâlâ oradadır. Kâğıdı geri koyardık."

"Olur mu canım, ya yakalanırsak?"

"Nilgün, bir gidip bakalım, yalvarırım, ne olur. Tek çıkar yol bu. Belki de kimseler yoktur. Kâğıdı yerine koyar, kurtulurum, üstelik soruları okumadığım için kopya da sayılmaz. Bir daha da tövbeler tövbesi! Ne olur, içeri ben girerim, sen kapıda gözcülük edersin."

O kadar yalvardı ve ben de öylesine şaşkındım ki, "Peki," dedim. Kalktık, öğretmenler odasının bulunduğu yere gittik, kalbim güm güm atıyordu. Işık yine kıpkırmızı olmuştu, herhalde ben de bembeyazdım.

Şansımız yaver gidiyordu, odada yine kimseler yoktu. Sadece iskemlelerde öğretmenlerin hırkaları, şemsiyeleri, çantaları ve... Sabahat Hanımın çantası duruyordu. Işık, "Böyle bir fırsat bir daha ele geçmez. Herhalde öğretmenler yine müdürün odasındalar, daha önceki teneffüste de müdür çağırmıştı, okulun çayı için konuşuyor olmalılar," diye fısıldadı.

İki yanımıza bakındık, öğrenciler gidip geliyorlardı, herkes bize bakıyor gibi geliyordu. Ben kapıda durdum, Işık içeri girdi ve hemen çıktı. "Hadi gidelim," dedi soluk soluğa. Benim durumum da onunkinden parlak değildi hani. Bal gibi suç ortağı olmuştum. Rahatlamam gerekirdi ama hiç de rahat değildim. İçimde müthiş bir sıkıntı vardı. O gün eve giderken Işık'la konuştuk, onun da içinde müthiş bir sıkıntı varmış. Anlayacağın, ikimiz de halimizden hiç memnun değildik, Şerifeciğim.

İçimizdeki sıkıntının nedeni ertesi gün ortaya çıktı. Sabahat Öğretmen derse girer girmez, "Çocuklar, kitaplarınızı açmadan önce sizinle konuşmak istediğim bir konu var," dedi. Eh, sen beni bir görecektin, dokunsalar ölebilirdim. Kalbim fırlayacakmış gibi atıyordu. Işık'a baktım, onun da yüzü allak bullak olmuştu.

"Dün gece eve gidince, bugünün sınavları için kâğıtlarımı çıkardım. Düzeltilecek kâğıtlar da ayrı bir deste halinde duruyordu. Fakat bir terslik vardı. Ben soru kâğıdını size dağıtacağım kâğıtlarla birlikte bir dosyaya, düzeltilecek kâğıtları da ayrı bir dosyaya koyduğumu çok iyi biliyorum, çünkü her zaman böyle yaparım. Bu kez baktım, soru kâğıdı düzelteceğim kâğıtların arasında, ayrıca biraz hırpalanmış bir hali vardı. Şimdi bu ne demek olabilir? Akla gelen tek cevap, birinin soru kâğıdını alıp sonra tekrar geriye ve yanlış yere koymuş olmasıdır. Uzun uzun düşündüm, vardığım sonuç, ne yazık ki böyle. Bu beni ne kadar üzdü bilemezsiniz. Benim çocuklarım, benim onca emek verdiğim çocuklarım, çantamdan soru kâğıdını alıyorlar, alabiliyorlar. Çok... çok üzgünüm."

Sınıfta çıt çıkmıyor, herkes şaşkınlık içinde birbirine bakıyordu, tabii Işık'la benden başka.

"Şimdi kim bunu yaptıysa, teneffüste gelip beni bulacak ve suçunu itiraf edecek, sizden bunu bekliyorum." Gözlerini sınıfın üzerinde gezdiriyordu. Öğretmenimle göz göze gelmemek için başımı kitabıma eğdim. Aman Yarabbi, başıma ne işler açtım, diye acı acı düşünüyordum. O anda, bizim evdeki deyişle tam bir 'Bedbaht Bibi'ydim. Bizim evde biri böyle kara kara düşündü mü, ona, 'Bedbaht Bibi' denir de... Neyse, teneffüste yine Işık'la bu konuyu tartıştık. Işık, "Söylemeyeceğim. Söylersem rezil olurum," diyordu.

"Olmaz, Işık, durum anlaşıldı, gidip itiraf etmeliyiz."

"Tabii, senin için söylemesi kolay, senin bir suçun yok."

"Nasıl yok? Bal gibi sana yardım etmedim mi?"

"Bir çare düşünelim. Bak, biz bir şey söylemezsek olay ortaya çıkmaz, bu da böylece kapanır, gider."

"Bana bak, Işık, senin bu saçma çarelerinin başımızı daha fazla derde sokmaktan başka bir işe yaradığı yok. O kadar şaşkın ve korku içindesin ki, beni de şaşırtıyorsun. Onun için bırak çare aramayı da, sadece doğru olanı yapalım. Doğru olan nedir? Gidip her şeyi Sabahat Öğretmene anlatmak."

"Ama Nilgün..."

"Yılın geri kalan bölümünün her gününde, her saatinde bir yalanla yaşayabilir misin? Öğretmenimizin yüzüne her baktığımızda, her derste, her sınavda anlaşıldı mı, acaba anlaşılacak mı diye yaşanır mı? Bu çekilir mi? Doğru olanı yapalım, bu iş de bitsin."

Işık perişandı, gözlerinden çaresizlik akıyordu. Ona acıyordum, ama onu doğru yola çekmem gerekiyordu, bu yine onun iyiliği içindi. Şu anda korku ve utançtan Işık doğru dürüst düşünemiyordu, onun yerine benim mantıklı olmam gerekiyordu.

"Ya arkadaşlar? Onlara rezil olacağım," diye fısıldadı Işık.

"Bekleriz. Dersler bitip sınıf boşalıncaya kadar kapıda oyalanır, öğretmenimiz evine giderken yakalar konuşuruz, kimse de bizi görmez," dedim.

Işık peki anlamında başını salladı, kendini iyice bana bırakmıştı. 'Sen ne yaparsan yap' der gibi bir hali vardı.

O günkü kadar uzun bir gün herhalde yaşamadım, Şerifeciğim. Sonunda dersler bitti, herkes birer ikişer eşyalarını toplayıp evlerine yollandı. Biz okul kapısının dışında Sabahat Öğretmeni bekliyorduk. Sabahat Öğretmen diğer öğretmenlerle çıktı. Işık, "Bak gördün mü, yalnız değil. Bugün kalsın, yarın söyleriz," dedi. Benim ise artık bir tek dakikaya bile dayanacak halim yoktu. "Hayır," dedim ve onu elinden çekerek, "Öğretmenim," diye seslendim. Sabahat Öğretmen dönerek, "Efendim? A, sen misin, Nilgün?" dedi. Ben sesimin titremesine engel olmaya çalışarak, "Sizinle görüşmek istiyoruz, efendim," diyebildim. "Peki sabahı bekleyemez misiniz?" "Hayır, efendim, çantanızdan alınan soru kağıdıyla ilgili," deyince hayretle yüzüme baktı ve arkadaşlarına, "Benim çocuklarla biraz konuşmam gerekiyor, iyi akşamlar," dedikten sonra, yine yüzünde aynı hayret ifadesi, yanımıza geldi. "Anlatın bakalım, çocuklar."

Baktım Işık'ın konuşacağı yok, başladım anlatmaya. Her şeyi bir bir açıklığa kavuşturduktan sonra nasıl hafifledim anlatamam. Oh, artık ne olacaksa olsun umrumda değildi, yüreğimin üstündeki o taş gibi sıkıntı geçmişti ya...

"Hayretler içindeyim, Işık! İnanamıyorum. Sen en güvendiğim öğrencilerimdensin, bunu nasıl yapabildin? Sen de Nilgün, arkadaşının bu davranışını onaylar gibi nasıl ona bu yanlış yolda yardımcı olabildin? Gerçi ikiniz de kısa sürede aklınızı başınıza toplayıp doğru yola dönmüşsünüz ama bütün bunlar hiç olmamalıydı. Işık, bunu neden yaptın, kızım? Haydi diyelim Nilgün arkadaşını kurtarmak için bu işe girişti, bunun bir parça olsun su götürür yanı var ama sen, soruları neden aldın?"

Bak, gel de bizim öğretmene hayran olma. Işık'ın nasıl bir kız olduğunu bildiğinden, ona bağırıp çağıracağına, sadece nedenini anlamak istercesine soruyordu. Işık gözlerinden yağmur gibi inen gözyaşlarını silerek, bana söylediklerini öğretmenimize yineledi. Notlarını beğenmediğini, çok çalıştığı halde istediği notu alamadığını, arkadaşlarından daha düşük not almayı gururuna yediremediğini anlattı. Sabahat Öğretmen sesini çıkarmadan dinliyordu. Işık sözlerini bitirir bitirmez, "Öğretmenim, yaptığıma çok pişmanım, soru kâğıdı bir süre bende kaldığı halde bir kez olsun açıp bakmadım. Çok, çok üzgünüm," dedi.

"Sana inanıyorum, Işık, çok acı çektiğini de görüyorum fakat beni asıl üzen o kâğıdı alman değil, seni bu davranışa iten nedenler. Yavrum, ne kadar büyük bir yanılgı içindesin sen! Okula gelmenin, gerçek eğitimin amacını anlamamışsın. Eğitimde önemli olan not değil, öğrenmektir. Öyle değil mi?"

"Evet, öğretmenim."

"Bir şey daha söylemek istiyorum, ondan sonra bu olay burada kapanıp gidecek. Doğruluktan hiçbir zaman şaşmayın çocuklar, inanın hayatta en kolay yol budur. Yalana dolana saptınız mı, o yalanları sürekli aklınızda tutmanız, o yalanı örtebilmek için yeni yeni yalanlara başvurmanız gerekecek, tüm huzurunuz kaçacaktır. Yalan bir batağa benzer, battıkça batarsınız. Oysa doğruluk belki ilk anda çok zordur, bir suçu, bir kabahati söylemek çok acı bir ilacı içmeye benzer, ama o acı ilacı içer ve iyileşirsiniz. Doğru söylemek de aynen böyledir, ilk an güçtür, ama sonra çare bulunur, işler yoluna girer. Anlaştık mı, çocuklar?"

İkimiz de müthiş hafiflemiş ve rahatlamış olarak, "Evet, öğretmenim," dedik.

"Haydi öyleyse doğru evlerinize, anneleriniz sizi merak edecek."

Işık birden öğretmenin elini yakaladı ve gözlerinin içine bakarak, "Size çok... çok teşekkür ederim, öğretmenim. Bir daha sizi hiç üzmeyeceğim, inanın bana. Bu olay bana öyle bir ders oldu ki..." dedi.

"Biliyorum yavrum, biliyorum. Haydi bakalım şimdi koşun evlerinize."

Aman Şerifeciğim, eve gidişimizi bir görecektin. Kuşlar kadar hafif, hoplaya zıplaya, yeniden dünyaya gelmişçesine, yollarda koşuyorduk.

Işık'ın not hastalığı sona erdi, öğretmenimizden aldığı güven duygusuyla her aldığı notu bir sorun haline getirmiyor, notları da iyi. Kısacası eski aklı başında, mutlu Işık geri geldi. Erbil'in deyişiyle, 'bitirim kadın' şu bizim öğretmen.

Şu anda Defne ve Pamuk Prenses odama girdiler, araları hiç de iyi değil. Pamuk Prenses sokağa çıkmış ve pire içinde kalmış. Defne de buna fena halde sinirlenmiş, Pamuk Prenses'i azarlayıp duruyor, bir elinde benim eski cetvel, onu kediciğe sallıyor. Zavallı kedicik ise hayretler içinde başını bir yana eğmiş, Defne'ye bakıyor. "Sana kaç kez söyledim sokağa çıkma, sokak kedileriyle arkadaşlık etme diye. İşte böyle pirelenirsin. Ben de ceza olarak, iyi kolonyamı artık sana sürmeyeceğim. Annemin parfümünü de gizlice sana sıkmayacağım."

Böylece o kızgınlık anında Defne yeni marifetini açıklayıvermişti, ama bu tehdidin kediciğe ceza olacağı yerde onu memnun ettiğinden eminim, çünkü Defne'nin her kolonya sürüşünde, kolonya debelenen kedinin gözüne, burnuna kaçıyor, o da canhıraş bir miyavlamayla kaçıp bir yerlere saklanıyordu. Yemek hazırmış, onu söylemeye gelmişler. Şimdilik hoşça kal, Şerifeciğim.

Kuşlar kadar hafif
Nilgün

16 Mart

Sevgili Nilgüncüğüm,

Ahmet Ağabeyimin yüzü gülmeye başladı, çok şükür. Artık kendini iyice horozlarına ve onları çalıştırmaya verdi. Nazife Ablam bir dersaneye yazıldı, düzenli olarak gidip geliyor, geceleri de odasında geç saatlere kadar çalışıyor. Abdullah ise yeni yeni yaramazlıklar peşinde.

Geçenlerde bize kim geldi, bil bakalım. Cevap veremeyeceğine göre, hemen söyleyeyim. Nazife Ablamı kızdıran arkadaşı Zarife! Hem niye gelmiş biliyor musun? Evleniyormuş da onu haber vermeye.

Zarife hep o eski kurumlu Zarife, bu kez de evleniyor diye bir çalım, bir çalım. Oysa eskiden üniversiteye gidiyor diye övünüp dururdu. Okulu da bırakıyormuş üstelik.

Uzun uzun nişanlısını, nişanlısının zenginliğini, babasının ona yapacağı tantanalı düğünü anlattı durdu. Sonra, "Ee, Nazife, biraz da sen anlat. Neler yapıyorsun, yine o bankada mı çalışıyorsun?" diye küçümseyerek sorunca, ben artık dayanamadım.

"Ablam üniversiteye gidecek. İşi bıraktı, sınavlara hazırlanıyor. Avukat olacak," dedim (oh, oh, oh).

Zarife çok şaşırdı ama hemen kendini toplayarak, "İlahi Nazife, işin mi yok onca yıldan sonra sınavlar mınavlar... Hem evlilik yaşını geçirmemeye bak, zamanını geçirdin mi kapını çalan olmaz," demez mi?

"Benim ablam güzel, onun kapısını her zaman çalarlar," dedim öfkeyle. Benim tatlı ablama ne kötü sözler söylüyordu bu övüngen kız.

Zarife beni ilk kez görüyormuş gibi bakarak alaylı alaylı, "Ayol sen avukat olacağına, bırak da Şerife olsun," dedi. Ablam, "Şerife'yi rahat bırak. Şerife, sen de söze karışma bakayım," deyince, çalımla odadan çıktım. Zaten benim de orada durup o görgüsüz kızın övünmelerini dinlemeye hiç niyetim yoktu.

Az sonra Zarife gitmiş, annemle biz bize oturuyorduk. Anneme olanları anlattım, çok kızgındım, oysa ablam nasıl da sakindi, şaşıyorum doğrusu. Annem beni dinledikten sonra, "Kızım bir söz vardır, 'Görgüsüzden bir avuç hamur alacağına, eğil de yerden bir avuç çamur al,' diye. Bu laflar boşuna söylenmemiş," dedi.

Nazife Ablam gülerek, "Anne, Şerife'yi bir görecektin. Öfkesinden yanakları al al olmuştu, oysa ben hiç sinirlenmedim. Kendi seçtiğim yolda yürüyorum ya, benim için önemli olan bu," dedi.

"Tabii kızım, kişi kendini tanır, ne istediğini bilirse onun bunun sözüyle yalpa vurmaz."

O sırada dışarıdan babamın sesi duyuldu, bahçeden dönmüştü anlaşılan. Annem ayağa kalkarak, "Babanızın yanına gideyim, bugün öfkesinden yanına varılmıyor," dedi. "Abdullah için üst üste şikâyete gelmişler. Hepsi de aynı güne rastlamamış mı? Allah hepsine uzun ömür versin, çocuğun mu var, derdin var."

Gülüştük. "Yine ne yapmış? Bize hiçbir şey söylemedi. Daha dün uslu uslu oturuyordu."

Annem içini çekti, "Uslu olanın usturası cebinde olurmuş. Tabii bir şey söylemez, kabahatli de ondan. Ama başkaları gelip söylediler işte. Sabahleyin sütçü Salih geldi. Kente indirdiği süt güğümlerini, süt şişelerini uzaktan nişan alıp taşlıyormuş bizim haylaz. Tabii bir sürü şişe kırılmış. Salih, babandan zarar ziyan ödemesini istedi. Tam onu savmıştım ki, bu kez belediye otobüsünün şoförü İlyas geldi."

İkimiz bir ağızdan, "İlyas Efendi ne istiyormuş?" dedik.

"Şaştınız, değil mi? Yaa, Abdullah'ın işlerine kimin aklı erer? Belediye otobüsünün koltuklarını çakıyla kesmiş, hep demirler ortaya çıkmış. Adamcağız, 'Benim seferimde oldu, bana ödetirler,' diyor. Tabii babanız ona da zarar ziyan ödedi. Ödemeseydi de ne yapsaydı, belediyeyle akılsız Abdullah'ın yüzünden mahkemelik mi olsaydı? İlyas Efendiye ödediği paranın yanında sütçü Salih'e ödediği devede kulak kaldı. Kolay mı, koskoca otobüs koltukları!" Gülüyorduk ama doğrusu şaşırmıştık. Nazife Ablam sordu, "Peki Abdullah ne diyor? Nerede şimdi?"

"Nerede olacak, güzel bir dayaktan sonra babanız onu kilere kilitledi. Siz gülüyorsunuz, ama ben gülemiyorum. Bu çocuk ne zaman akıllanacak? Bunun sonu neye varır?" Annem gerçekten kaygılıydı.

Nazife Ablam, "Üzülme anne, daha çocuk o, büyüdükçe akıllanır," diye onu yatıştırmaya çalıştı. "Amcamın oğlu Hüsnü de nasıl yaramazdı, anımsıyor musun? Şimdiyse ne kadar efendi, ağırbaşlı, babasının sağ kolu oldu. Peki kendi ne diyor tüm bu yaptıklarına?"

"Onda laf çoook. 'Valla niyetim kötü değildi, billa niyetim kötü değildi,' diye yemin ediyor. Sütçünün şişelerini kırmak için değil, bakalım araba yol alırken iyi nişan alabilecek miyim diye taş atarmış. Her isabet ettirişinde de, adamcağızın feryatlarına aldırmadan kendi kendini alkışlar, 'Tam isabeeet!' diye bağırırmış. Adamcağızı çileden çıkaran da bu olmuş ya, hem şişelerini kır, hem de karşısına geç, 'Tam isabet" diye el çırp, kendini alkışla."

Gülmekten bayılacaktık neredeyse.

"Böyle güldüğünüzü babanız bir duyarsa, bir dayak da siz yersiniz."

"Peki otobüs koltuklarından ne istemiş?"

"Ha, bak o da ayrı bir âlem. Yolda canı sıkılmış, acaba bu koltuğun içinde ne var ki, hem böyle yumuşak, hem de sert diye merak etmiş. Öyle bir aklına düşmüş ki, çakısını çıkarıp koltuğu kesmiş, o yetmiyor gibi parmağını da takıp iyice yırtmış içine bakmak için. İnce demirleri görünce çok şaşırmış. Acaba hepsi böyle mi diye bir ikincisini kesmiş. Bereket durağa gelmişler de durmak zorunda kalmış. Yoksa tüm koltukları kesecekti herhal. Abdullah durakta inmeyince İlyas Efendi, bu niye inmedi, diye aynadan bakmış. Abdullah'ı bir şeylerle uğraşır görünce hemen yanına koşmuş, Abdullah'ı tanımayan yok. Gelse baksa ki, Abdullah koltuğu didikler durur. Tabii o da kalkmış babanıza gelmiş. Babanız, 'Bunu kilere kapatmak yetmez, zincire vurmalı,' diyor." Annem söylene söylene babamın yanına gittiğinde, biz ablamla hâlâ gülüyorduk.

Nilgüncüğüm, düşündüm taşındım ve sana Lokman Hekim'le Ölümsüzlük Otu'nun öyküsünü anlatmaya karar verdim. Böylelikle Şahmeran'la başlayan Lokman Hekim'in sonunu öğrenmiş olursun.

Çukurova insanları mutlu kişilermiş. Toprağı bereketli, iklimi güzel, havası temiz bir diyarda yaşıyorlarmış. Güneş onlara hep gülümser, toprağı her çeşit ürünü yetiştirirmiş. İşte bu nedenlerle ora halkı hayatı, yaşamayı çok severmiş.

Bir gün toplanıp Lokman Hekim'e gitmişler. "Yaşamayı çok seviyoruz ve hiç ölmek istemiyoruz. Tek derdimiz bu. Sen ünlü Lokman Hekim'sin, bizim bu derdimize, yani ölüme çare bul," demişler. Ölümü kim ister, bu dilek Lokman Hekim'in de hoşuna gitmiş. Başlamış dağ, dere, tepe dolaşıp ölümsüzlüğü sağlayacak otu aramaya. Sarp kayalıkları, buz gibi pınarları, yemyeşil ovaları, çiçek dolu tarlaları hep gezmiş, dolaşmış.

Bir gün yine böyle uzun uzun dolaştıktan sonra yorgun düşerek bir ağacın altında uyuyakalmış. Az sonra ince bir ses onu daldığı uykudan uyandırmış. "Ey Lokman, dağ demeyip dere, tepe demeyip aradığın ölümsüzlük otu benim. Bundan böyle ne insana, ne hayvana ölüm yok," diyormuş. Lokman hayretler içinde otu incelemiş, daha önce bu otu hiç görmemişmiş. Hemen otun söylediklerini defterine bir bir yazmış, sonra da sevinç içinde Nur Dağları'ndan Misis'e dönmek üzere yola koyulmuş. Defterindeki notları tekrar tekrar okuyarak Misis'in taşköprüsüne varmış. Köprünün öbür ucunda saçı sakalı bembeyaz olmuş yaşlı bir adam, Lokman'a doğru gelmekteymiş. Lokman Hekim'le köprünün tam ortasında karşılaşmışlar. Bu yaşlı adam, aslında can alan ölüm meleği Azrail'den başkası değilmiş. Lokman Hekim'i selamladıktan sonra, nereden gelip nereye gittiğini sormuş. Lokman öylesine sevinç içindeymiş ki, ölümsüzlük otunu bulduğunu, insanların artık bu ot sayesinde hiç ölmeyeceklerini bir çırpıda anlatıvermiş.

Yaşlı adam, "Bunun gerçek olduğuna inanabilmek için seni sınayacağım. Söyle bakalım, Azrail şu anda nerededir?" demiş.

Lokman bir an düşündükten sonra, "Azrail şu anda gökte değil, yerdedir," diye cevap vermiş.

"Peki yerdeyse, nerededir?"

"Ne doğudadır, ne batıda. Şu anda köprünün üzerindedir. Bu köprüde ikimizden başkası olmadığına, ben de Lokman Hekim olduğuma göre, Azrail sen olmalısın."'

"Doğru bildin, ey Lokman. Yalnız bu ilmi sana veren Allah'tır, tıpkı insanlara can verenin de o olduğu gibi. Ama şunu unutma ki, verdiği canı yine sadece ve sadece yüce Allah alabilir," dedikten sonra melek şekline bürünmüş ve kanatlarını çırparak Lokman'ın elindeki defteri Ceyhan'ın köpüre köpüre akan sularına düşürmüş. Böylece ölümsüzlüğün sırrı da kaybolup gitmiş.

Azrail olanları Allah'a iletmiş. Lokman Hekim çok iyilik yaptığı için Allah ona uzun bir ömür vermeyi kararlaştırmış. Azrail yine insan kılığına girerek Lokman'ın karşısına çıkmış ve, "İki uzun ömürden birini seç. Ya dağdaki kızıl koyun tezeğinin dayanabildiği kadar ya da yedi kartalın yaşadığı yıl kadar yaşayacaksın," demiş. Lokman Hekim yedi kartalın yaşadığı kadar yaşamak istediğini bildirmiş ve bu arzusu kabul olunmuş.

O günden sonra Lokman kartalları gözlemeye başlamış. Sıra yedinci kartala gelince, ona 'Lübet' adını koymuş. Lübet, uzun zaman demekmiş. Bu zaman süresince Lokman, hekimliğine devam ediyor, insanlara yardımcı oluyormuş. Saçı sakalı bembeyaz olmuş, ama hâlâ dinçmiş.

Derken bir gün bakmış, Lübet kayalıklardan yuvarlanmış, yerde yatıyor. Hemen yanına koşmuş, "Kalk ya Lübet," demiş, ama gökler hâkimi kartal artık kımıldamıyormuş, o zaman Lokman Hekim kendi kendine şöyle mırıldanmış:

"Az yaşa, çok yaşa
Akıbet bir gün gelir başa."

Kartalın öldüğü gün, Lokman da ölmüş. Lokman Hekim'in ölümü tüm insanları üzüntüye boğmuş. Yakınları eşyalarını toplarken ellerine mühürlü bir zarf geçmiş. Herkes çok sevinmiş, bunun içinde ölümsüzlüğün sırrı olmalı, diye düşünmüşler. Dünyanın dört bir yanından ünlü hekimler toplanmış ve hep birlikte zarfı açmışlar. Zarfın içinden çıka çıka küçük bir kâğıt çıkmış. İçinde şunlar yazılıymış:

"Ayağını sıcak tut,
başını serin. Yemeğine dikkat et, düşünme derin."

Altına da şu sözler eklenmiş: *"Hasta olmadan önce doktora görün."*

İşte Lokman Hekim'in uzun yaşamak isteyenlere öğüdü buymuş. Lokman Hekim'i Tarsus'un Ulu Camii'nde, Adem Peygamber'in oğlu Şit Peygamber'in yanına gömmüşler.

Sevgiler
Şerife

3 Nisan

Biricik Şerifecik,

Derslerimiz sıkılaştı, ama biz 1 Nisan'ı yine de tüm şakalarıyla kutladık. Bu yıl da her yılın beylik numaraları yinelendi. Sınıf değiştirmeler, tahtaya sabun sürmeler, diğer sınıflarla ders kitaplarını değiştirmeler, herkesin arkasına kuyruk takmalar...

Ama en ilginç 1 Nisan olayını yine bizim matrak Tuncay hazırlamıştı. Derim derim de kimseler inanmaz. Bu kız dâhi, harika buluşları var. Bir gün mutlaka bir ödül alacak.

1 Nisan sabahı Tuncay yine tertemiz, okula geldi, yüzünde melek gibi bir ifade vardı. Herkes herkese bir muzırlık yapmakla meşguldü. En canla başla çalışanlar da tabii Daltonlar'dı. Avni, Serap'ın saçına gizlice hacıyağı sürüyordu. Az sonra Serap işin farkına varınca, tahmin edeceğin gibi kıyametler koptu. Avni çift yeleklerine karşın bir yandan ısınmak için zıplıyor, bir yandan da, "1 Nisan, 1 Nisan," diye bağırıyordu. Serap, "Buna 1 Nisan şakası değil, eşek şakası derler. Ben şimdi bu pis kokuyu saçımdan nasıl çıkaracağım?" diye ağlamaya başladı. Avni çok şaşırmıştı. "Sen de hiç şaka kaldırmıyorsun, Serap. Ne var bunda ağlayacak? Yıkarsın saçını, olur biter," diyordu, ama Serap sevgili saçlarının haline ağlayıp duruyordu. Mânâ da gelmiş, o ukala halleriyle Avni'yi azarlıyordu.

O sırada birisi, galiba Şişko Hadi, Mânâ'nın sırasına bir raptiye kaydırıverdi. Mânâ, Avni'ye uzun söylevini bitirip yerine döndüğünde, raptiyenin üzerine oturunca bir kıyamet daha koptu. Herkes kahkahadan kırılıyordu. Arkadaşların gülmelerine büsbütün kızan Mânâ, "Ha, ha, ha, çok komik efendim, çok komik. Gerzekler ne olacak. Şu şakaya bak. Birinci sınıftakiler bile sizden daha ilginç şeyler düşünüyorlardır eminim. Bu raptiyeyi altıma koyanda aile terbiyesi yok bir kere," deyince, Şişko Hadi, "Halt etmişsin sen, neden aile terbiyem yokmuş?" diyerek kendini ele verdi.

Mânâ, "Gerzeksin dedim de inanmadın, gerzeksin işte. Sözde gizli yaptın, bak ben de seni şıp diye yakaladım," dedi.

Bütün bu gürültü patırtı arasında Gül tahtaya geçmiş, renkli tebeşirlerle Nisan Balığı çiziyordu. Başını yana eğmiş, dilini hafifçe çıkarmış, özene bezene boyuyor da boyuyordu. Onu da Erbil kızdırdı. Kafasına küçük bir lastik top attı, bu da Gül'ün özenle bağladığı kurdelesini bozdu. O da başladı bağırmaya. İşte hepimiz böyle neşe içinde 1 Nisan'ı kutlarken, Tuncay bir kutu çikolata dolaştırmaya başladı.

"Hayrola, ne var?" diyenlere, "Bugün 1 Nisan, biraz eğlenelim, şakalar yapalım, biraz da tatlı yiyelim, diye düşündüm," şeklinde cevap verdi. Artık çikolatalar çok pahalı olduğundan, eskisi kadar sık yiyemiyorduk, bu ikrama çok sevindik doğrusu. Herkes atıldı, bu itişme içinde en çok Şişko Hadi aldı, daha doğrusu avuçladı. Koca vücuduyla hepimizin görüşünü engelleyip bol bol çikolata aldı. "Ayıp, ayıp!" diye bağırmalara aldırış bile etmiyordu. Ben de bir tane aldım. Isırınca tadı bir tuhaf geldi, hemen çöp sepetine tükürdüm. Sınıftaki öteki çocuklar da çöp sepetine koşuyorlardı. Ama Şişko Hadi gibi çiğnemeden yutanlar çoktan tuvaletin yolunu tutmuşlardı bile. Bir hengâme, bir kıyamet. Bu arada Tuncay, "1 Nisan, 1 Nisan!" diye bağırıyordu. Meğerse, alt katlarındaki pastacıyla anlaşmış, beyaz çamaşır sabunlarını ufak ufak çikolata parçaları biçiminde kestikten sonra, çikolata sosuna daldırıp çıkarmış. Sonra da pastanenin kutularından birine güzelce yerleştirip sınıfa getirmiş. Az sonra Şişko Hadi rengi yemyeşil, sınıfa geldi. Kusmuş durmuş zavallı, onun gibi bir iki oburun daha başlarına aynı şey gelmiş. Biz ucuz atlattık. Sadece ağzımızın içinde pis bir sabun tadı kaldı o kadar. Sabun yutanların bir süre mideleri bulandı durdu. Şimdi böyle sakin sakin yazdığıma bakma, o zaman ben de çok kızmıştım. Fakat buluşuna hayran olmamak elde değil, kimin aklına gelir böylesi?.. Tabii o anda hiçbirimiz Tuncay'ın yeni bir dâhice buluşunu uyguladığını düşünemiyorduk, üstüne yürüdük. Baktı durum kötü, "Çocuklar, çocuklar, kızmayın ne olur," dedi. "Bir dakika durun, eğer beni bağışlarsanız, size annemlere hazırladığım çok ilginç 1 Nisan şakasını anlatırım. Bakın, çok eğleneceksiniz," diye bir süre kıstırıldığı köşede konuştu durdu. Onu fena esir almıştık. Ama bir yandan da herkesi bir merak sarmıştı. Acaba annesiyle babasına ne yapacaktı? Doğrusu öğrenmeye değerdi. "Anlaştık," diyerek onu serbest bıraktık, başladı anlatmaya. "Annemlere de 1 Nisan şakası yapmak istiyordum. Uzun süre düşündüm sonra aklıma harika bir fikir geldi."

"Zaten tüm fikirlerin harikadır senin," dedi Erbil kızgın kızgın. Tuncay ise hiçbir şeyin farkında değilmişçesine, gayet sakin, "Teşekkür ederim," diyerek sözüne devam etti. "Bizim kapıcımızın bir karısı var. Bu kadının da bir çarşafı var. Sokağa çıktı mı hep onu giyer. Onlara gittim. 'Mustafa Efendi, anneme şaka yapmak istiyorum. Acaba senin hanımın çarşafını bana ödünç verebilir misin?' dedim. Bizim kapıcı iyi adamdır. İyiliğinin yanı sıra ailesini de pek beğenir. Küçük bir kızı var, onu, 'dünyalar güzeli kızım benim,' diye sever. Neyse sözün kısası, bana yardımcı olmayı kabullendi. Annem şu sıralarda evdeki işlere yardımcı olacak birini arıyor. Şimdi, bu akşam ben eve gidince o çarşafı giyip çalışmaya gelen kadın rolü yapacağım. Annemi de bir güzel işleteceğim. Nasıl?"

Hepimiz bir ağızdan, "Harika, harika!" diye bağrıştık.

Gül, "Ne olur çarşafı giyip okula gelsene," dedi.

"Sen delirdin mi kızım? Sabahat Öğretmen bir anlarsa, şaka maka dinlemez. Hem sadece annemi değil, altımızdaki pastanenin sahibini de işleteceğim. Pastane çok şık bir yer. Ben oraya kara çarşaflarla gidip oturdum mu, adamın yüreğine inecek. Bunu sadece pastanede benim sabun çikolatalara yardım eden Haydar Ağabeye söyleyeceğim o kadar. Fena mı, o da biraz eğlensin."

Ertesi gün hepimiz Tuncay'ın yolunu gözlüyorduk. Sonunda halinden pek memnun olarak ufukta göründü. Hemen etrafını sarıp, "Anlat, anlat, neler oldu?" dedik.

"Durun canım, bir soluk alalım," dedikten sonra ağır ağır çantasını sırasına yerleştirdi, ceketini çıkardı. Belli ki, bizi meraktan çatlatmaktan büyük zevk duyuyordu. Red Kit Selim bile yaklaşmış, öykünün gerisini dinlemeye gelmişti.

"Eve gittim, biraz ortalıkta dolaştıktan sonra yavaşça aşağı indim. Mustafa Efendiyle karısı beni giydirdiler. Aman ne dertmiş o çarşafı giymek. İçinde bir sürü ip var, yok oradan dolayacaksın, yok buradan bağlayacaksın. Ayağıma da eski erkek pabuçları giydim, tabii birkaç numara büyük olduğundan lap lap çıkıyor. Ondan sonra ver elini pastane. Mustafa Efendi de gelmiş, kapıya dayanmış, ağzı kulaklarında, keyifle olup bitenleri seyrediyor. Pastane sahibi o şık dükkânında beni görünce, önce bir afalladı, sonra hızla yanıma gelerek beni göğüsledi. 'Ne istiyordunuz, efendim?' deyince, '100 gramlık kurabiye,' dedim. 'Tabii, tabii, derhal. Oğlum Haydar çabuk hanıma 100 gramlık kurabiye ver,' dedi, hâlâ önümde duruyor. Yani alsın kurabiyesini de bir an önce gitsin der gibi bir hali vardı. 'Birazcık da oturacağım,' dedim. Eh, adamın halini görecektiniz, şafak attı. Lap lap ayakkabılarımla geçtim, salonun baş köşesine bir güzel kuruldum. Çay içip pasta yiyenler hayretle bana bakıyorlardı. Hiç istifimi bozmadım, derken kurabiye geldi. Pastane sahibi ise kurabiyemi alıp gitmemi sabırsızlıkla bekliyordu. Ben yerime iyice yerleşip kesekâğıdından kurabiyeleri birer birer çıkarıp ağzımı şapırdatarak yemeye başladım. Kısa bir süre sonra kalktım, yine ayakkabılarımı sürüyerek çıktım. Pastane sahibi de eminim rahat bir soluk almıştır.

"Bu sabah okula gelirken, çörek almak bahanesiyle uğradım ve, 'Dün buraya çarşaflı bir kadın gelmiş,' dedim. 'Sormayın, Tuncay Hanım, ne günlere kaldık! Kalkıyor çarşaflının biri benim pastaneme gelip baş köşeye oturuyor, insanlarda hiç görgü kalmadı, efendim. Eskiden İstanbul'un bir semtinde oturanlar, bir başka semtine geçmeye çekinirlerdi. Herkes haddini bilirdi. Hey gidi eski İstanbul.'

"'Çok haklısınız, çok haklısınız,' dedim ve bunca yakınmadan sonra ona şaka yaptığımı açıklayamadan, çöreğimi alıp çıktım."

"Anneni anlat, anneni."

"Evet, ne diyorduk? Mustafa Efendi anneme bir kadın bulduğunu söyledi. Annem de pür heves, 'Gelsin de konuşalım,' dedi. Bunun üzerine Mustafa Efendi, yine ağzı kulaklarında, beni içeri soktu. Yine salona lap lap girdim, pabuçlarımı salonun orta yerine bırakıp yere çömeldim. Annem hemen, 'Yok, yok kızım, yere değil, şöyle otur. Seninle rahatça konuşalım,' dedi. Ben de gösterilen yere iliştim, yüzümü de sımsıkı kapıyordum, bir tek gözlerim görünüyordu. Annem, 'Kızım yüzünü açsana, nasıl konuşacağız seninle?' deyince, 'Hanım gocam çok gısgançdur, yüzümü açarsam seni de vurur, beni de,' dedim. Annemin gözleri dehşetle açıldı.

"Aman kızım, bugünkü devirde bu ne demek? Hem sen o çarşafın, peçenin yasak olduğunu bilmiyor musun? Olur mu böyle şey?' diyerek ateşli ateşli kıyafet devriminden, Atatürk devrimlerinden (annem çok koyu bir Atatürkçü olduğundan, kişileri eğitmek için hiçbir fırsatı kaçırmaz), herkesin bunları iyice öğrenip içine sindirmesi gerektiğinden uzun uzun söz etti. Sonunda da, 'Kızım seninle öteki konularda anlaşabiliriz ama evin içinde böyle çarşaflı dolaşmanı kabul edemem, bu olmaz,' deyince, ben de havaya fırlayıp, 'Olur, olur, bal gibi olur,' diye şarkı söylemeye başladım. Annem önce olduğu yerde bir an kalakaldı, sonra sesimi tanımış olacak ki, 'Tuncay! Tuncay! Sen misin?' diyebildi. Ben de artık dayanamadım, kahkahaları koyuverdim, yüzümü de açtım. 'Seni gidi hınzır seni. Burada bunca saat seninle mi konuştum durdum yani? Aman yarabbi, ne çocuk, ne çocuk!' diyor, bu arada da hâlâ hayretler içinde yüzüme bakıyordu, Tuncay olduğumdan emin olmak istermişçesine. Ben de, '1 Nisan!' diye bağırdım. İlk şaşkınlık geçtikten sonra annem de gülmeye başladı. 'Gelecek yıl da ben sana bir 1 Nisan şakası yapayım da gör bakalım,' dedi.

"Yaa, işte böyle. Bu numara annemin o kadar hoşuna gitti ki, babamı da kandırmaya karar verdik. Babam gelince, aynı şeyleri ona da yaptık, bu kez kocam için iş istemeye gelmiş bir kadındım. Fakat annemin kıkırdayıp durmasından babam işi çabuk anladı. Pastacıya yaptıklarımı da anlattım, ona da bol bol güldüler. Neşeli bir geceydi, çünkü yaptıklarıma her zaman böyle gülmezler. Evet, arkadaşlar, bir 1 Nisan da böyle geçip gitti işte."

Gerçekten bu anlattıklarıyla Tuncay, bir gün önce bizlere yaptıklarını unutturmuştu.

İstanbul'a bahar yavaş yavaş geliyor. Ağaçların üzerinde o taptaze, yeşil, minicik yapraklar belirdi. Yaprağın ilk yeşilini ne kadar severim, ne güzel renktir. Karşı tarafta mor salkımlı erguvanlar açmış. Dedemin Tarabya'daki evi de şu anda bir harika. Dedem de harıl harıl bahar dikimiyle meşgul.

Pazar günü ailece Anadolu Kavağı'na balık yemeğe gittik. Sıcacık bir güneş vardı. Deniz ve ızgara balık kokusu da insanın iştahını bir başka açıyor. Babamla dedem dünya sorunlarını hallederlerken, anneannemle annem yazlık giysileri konuşmaya başladılar bile. Defne tabii bir yandan masaların altında dolaşan kedilerle ilgileniyor, bir yandan da, "Pamuk Prenses'e balık götürebilir miyiz?" diye her beş dakikada bir soruyordu. Sonunda istediği oldu. Babamlar kahve içerlerken, ben de Defne'nin elinden tutup biraz etrafı gezmeye çıktım. Öyle şirin, minicik sokaklar, minicik evler ve minicik kapılar var ki, bayıldım. Oyuncak bir mahalle sanki. Boğaz'ın sonundaki yasak bölgeye kadar gidip geldik. Bahar geldiği için yürüyüşlerimize başlayacağız. Bir hafta Kireçburnu'na, bir hafta Yeniköy'e yürüyeceğiz, bir hafta da Belgrad Ormanları'na gidip orada yürüyeceğiz.

Öpücükler Şerifecik,

Nilgün

20 Nisan

Biricik Nilgüncüğüm,

Havalar iyice ısındı artık. Sizin oralara bahar yeni gelmiş, oysa buralara geleli bir ay oldu. Benim en sevdiğim mevsim ilkbahardır. Seninki sonbahardı, değil mi?

Bizim dersler iyice sıkılaştı. Yıl sonu yaklaştıkça ödevler de artıyor. Okuldan gelir gelmez derslerimin başına oturuyorum da ancak yetiştiriyorum. Üç gün sonra 23 Nisan Çocuk Bayramı var. Geçit töreni için provalar yapılıyor, bizi beden eğitimi öğretmeni çalıştırıyor, herkeste bir heyecan, bir sevinç.

Giysilerimizi Yüksel Öğretmen çizdi. Fırfırlı, bol etekli, mavi poplin elbiseler giyeceğiz. Oğlan çocukları da yine kısa pantolon ve gömlek giyecekler, bir kız bir erkek yürüyeceğiz. Ayrıca okulumuz için bir de tablo hazırlandı. Okulumuzun adı "Barbaros İlkokulu" olduğundan, Barbaros Hayrettin Paşa ve leventlerini canlandıracağız. Bizim Emre 'Barbaros' olacak, şimdiden kırmızı sakal ve bıyıklarını takıp takıp okula geliyor. Korkarım, 23 Nisan'a kadar ne saçta hayır kalacak, ne sakalda... Başına koca bir kavuk, üstüne de kırmızı satenden bir cübbe hazırlamışlar. Belinde de yaldız boyayla boyanmış, pek görkemli, tahta bir hançer olacak. Etrafında levent kıyafetleri içinde çeşitli sınıflardan on öğrenci bulunacak. Bizim tam ortamızda yürüyecekler. Öteki sınıfların giysileri de güzel, hepimiz bir arada durduk mu, pek göz alıcı bir görünüm oluşturuyoruz. Geçit töreninde en çok alkışı bizim toplayacağımızı sanıyorum.

Bugün genel provalar için stadyuma gittik. Tabii bizim için bu büyük bir eğlence oldu. Sabahleyin iki otobüs geldi, bizi sınıf sınıf, öğretmenlerimizle birlikte stadyuma taşıdı. Stadyumun hali görülecek şeydi. Diğer okullar da gelmiş. Her yer renk renk giysiler içinde cıvıl cıvıl kaynaşan çocuklarla doluydu. Zeybekler, al şalvarlı, pırıltılı cepkenli kızlar, beyaz tüller içinde periler, daha neler neler... Hepimiz heyecanla yerlerimizi aldık ve müzik eşliğinde provalar başladı. Bir saat kadar sonra ara verildi, tabii herkes gazozculara, simitçilere hücum etti. Tam bu sırada Elvan koşarak yanıma geldi. "Şerife, Şerife, koş. İrem çok fena, bayıldı galiba," deyince, bu kez birlikte İrem'in olduğu yere koştuk. İremcik yere yığılmıştı. Yüzü bembeyaz, gözleri kapalıydı, alnındaysa boncuk boncuk terler vardı. Elvan'a, "Sen kardeşinin yanından ayrılma, ben hemen gidip Yüksel Öğretmeni bulayım," dedim ve koşarak öğretmenlerin topluca durdukları yere gittim. Yüksel Öğretmen onların arasında yoktu, nerede olduğunu sordum. Telaşlı halimi gören öğretmenler, "Ne var, kızım?" deyince olayı anlattım. Genç bir öğretmen hemen, "Zaman kaybetmeyelim, ben geleyim, öğretmeninize de bir başka arkadaşın haber verir," dedi. Bu kez onunla koşmaya başladık. İrem'in yanına geldiğimizde Yüksel Öğretmeni de orada bulduk. Meğer o da uzaktan bizim koşuşmamızı görünce, bir şeyler olduğunu anlayıp gelmiş. İrem'i kucaklayıp tuvaletlerin olduğu bölüme taşıdık. Yüzüne su serpip başını ıslattık. Yüksel Öğretmen, "Herhalde sıcaktan oldu," diyordu; sonra Elvan'la bana dönerek, "Çocuklar, siz şimdi yerinize dönün, ben İrem'i bir taksiye koyup evine göndereyim, hemen dönerim," dedi ve İrem'i alıp götürdü. Hava gerçekten de çok sıcaktı. Öteki okullardan da bir iki kişi bayılmış diye duyduk. İrem daha yolda, eve giderken kendine gelmiş, iyiymiş.

Hepimizin yanakları güneşten pembe pembe oldu, bacaklarım yürümekten hâlâ ağrıyor.

Nilgüncüğüm, sana bir masalım daha var. Aslında bir önceki mektubu postaladıktan sonra aklıma geldi bu masal, ama, artık bir daha sefere yazarım, diye düşünmüştüm. 'Gülnar' ilçesiyle ilgili bir öykü bu:

Kışı Akdeniz kıyısındaki otlaklarda geçiren yörükler, ilkbahar gelince çadırlarını söker, göç türküleri söyleyerek yaylaların yolunu tutarlarmış. Dumanlı dağlara kavuşmanın sevinci içinde yörükler gece demez, gündüz demez yol alırlarmış. Kervanın başını, o yıl evlenecek bir yörük güzeli çekermiş.

Yaylalara varınca yörük beyleri yaz aylarının belirli günlerinde Anay Pazarı'nda toparlanırlarmış. Burada alışveriş yapılır, sohbetler edilir, eğlenceler düzenlenir, yenir içilir, atalardan kalma tüm gelenekler sürdürülürmüş.

Yörük beylerinden birinin Gül adında çok güzel bir kızı varmış. Bey, her yıl güzel kızını da Anay Pazarı'na eğlensin diye getirirmiş. Bir başka yörük beyinin Aydın adında oğlu, yine bir başkasının Nar adında bir oğlu varmış. Her iki beyin oğulları, her yıl bu pazara gelirlermiş. İkisi de Gül Hanımı görünce hayran olmuş ve ertesi yıl yine Anay Pazarı'nda Gül Hanımı babasından istemişler.

Gül Hanımın babası bakmış, her iki delikanlı da yakışıklı, her ikisi de güçlü ve bilgili, bir seçim yapamamış. Bunun üzerine Aydın Beyle Nar Beyi çağırtarak, "Her ikinizi de çok beğendim. Aranızda bir seçim yapamayacağım. Onun için ikinizden de birer dileğim olacak. Verdiğim işi hanginiz daha önce bitirirse, kızımı ona vereceğim," demiş.

İki bey oğlu buna razı olmuşlar.

"Sen, Nar Bey, Hacı Bahattin Köyü'nden Gilindire'ye su getireceksin.

"Sen Aydın Bey, Gilindire'ye dört ayak üstüne mermerden eşi bulunmayacak bir eser yapacaksın. Yalnız, tek başınıza çalışacaksınız. Verdiğim işi kim daha önce bitirirse, kızımı o alacak," demiş.

Gençlerin ikisi de heyecanla işlerinin başına koşmuşlar. Nar Bey suyun gözünü bulmuş, taşları oymuş, su boruları yapmış, dağları delmiş, suya yol açmış, sonra bu borularla Gilindire'ye suyu akıtmış ve işini bitirerek Gül Hanımı almış.

Kırk gün kırk gece süren düğünde, eğlenceler düzenlenmiş, yağlı güreşler yapılmış, davullar çalınmış. O günden sonra da Anay Pazarı'na, Gül Hanımla Nar Beyin anısına, 'Gülnar' denmiş.

Aydın Beye gelince, o, Gül Hanımın babasının istediği dört ayağı yapmış, ama bu dört ayak üzerine nasıl bir mermer eser oturtayım, diye uzun uzun düşünürken, Gül Hanımın Nar Beyle evlendiğini duymuş. O kadar üzülmüş ki, işini yarım bırakmış. Sevilen bir bey oğlu olduğundan, Gilindire'ye de Aydın Beyi anımsatsın diye 'Aydıncık' demişler.

İşte Nilgüncüğüm, İçel'imizin güzel bir ilçesi olan Gülnar'ın efsanesi de böyle. Zaten Çukurova'ya, efsaneler diyarıdır, denebilir. Her bölgenin mutlaka kendine özgü bir öyküsü var.

Annem aşağıdan çağırıyor, şimdilik hoşça kal.

Sevgiler
Şerife

16 Mayıs

Sevgili Nilgüncüğüm,

Sana öyle müthiş bir haberim var ki, mektubunu beklemeden yine ben yazıyorum. Ben İstanbul'a geliyorum!

Şaştın değil mi? Doğrusunu istersen hâlâ inanamıyorum, çok çok sevinçliyim. Sonunda seninle görüşebileceğiz. Bak, nasıl oldu:

Nazife Ablamın sınavı haziran ayının on beşindeymiş. Evde, Nazife Ablamı sınava kim götürecek, diye uzun uzun konuşuldu. Sonunda babam, "En iyisi Nazife'yi ben götüreyim," dedikten sonra bir an durdu ve, "Şerife'yi de götüreceğim," demez mi? Nasıl yerimden zıpladım anlatamam, babamın boynuna sarıldım. "Babacığım, çok teşekkür ederim," diyerek onu öpmeye başladım. "Dur hele dur, şu deli kızın haline bakın bir kere. Gezmelere gitmeye dünden hazırmış da haberimiz yok," dedi. Annem, "Efendi, şimdi bu da nereden çıktı?" diye sorunca, babam, "Baktım, hanım," dedi. "Bizim Şerife o mektuplaştığı arkadaşıyla çok iyi anlaşıyor, bana anlattıklarından da kızı sevdim. Ailesi dersen, bizim Nazife için hemen yardımda bulunmak istediler, demek iyi insanlar. Şerife bu yıl çok çalıştı, notları iyi. Hem ona bir değişiklik olur, İstanbul'u görür, hem de arkadaşıyla tanışır, diye düşündüm; bir araya gelmek için az mı uğraştı bu garibanlar?" derken yan yan bana bakarak bir kahkaha attı, sonra yine ciddileşerek sözünü sürdürdü. "Bana gelince, Nazife nasıl bir yerde kalacak, okulu ne biçim bir yerdedir, görmem gerek. Nilgün'ün ailesiyle de bir tanışayım, tanış olmak ne de olsa başka olur. Ancak bunları yaparsam içim rahat olacak. Siz yaylaya gidersiniz, ben Nazife'yle Şerife'yi alır, İstanbul'a giderim."

"Doğru söylersin, efendi."

Babam diğer kardeşlerime dönerek, "Bundan sonraki sefere de sizleri götürürüm. Nazife Ablanız İstanbullu olursa, gayrı bize epeyce yol görünecek nasıl olsa," dedi. Babam hepimize eşit davranmak ister.

Yaa Nilgüncüğüm işte böyle... Biz haziranın ilk haftası okulum kapanınca, İstanbul'a gelip bir otele yerleşeceğiz. Nasıl heyecanlıyım bilemezsin. En önemlisi, seninle görüşeceğim. Sonra bu benim ilk yolculuğum olacak, ilk kez bir otelde kalacağım. Çok çok heyecanlı ve mutluyum.

Nazife Ablama gelince, o zavallıcık heyecan içinde. Gece gündüz demiyor, harıl harıl ders çalışıyor. Kurstaki öğretmenleri onun sınavlarda başarılı olacağını söylüyorlarmış. Geçen gece Hasan Bey geldi. Okula gidip Nazife'nin öğretmenleriyle konuşmuş, durumunu sormuş. "Nazife'nin mutlak kazanması gerek. Burada yaptığımız testlerdeki başarısı çok yüksek," demişler. Hasan Bey de o yaşlı haliyle, bu haberi bize iletmek için kalkıp gelmiş. Tabii bu haber, Nafize Ablamı yüreklendirdi.

Abdullah'ın aklıysa bir karış havada. Sabahtan akşama kadar koşuşup oynayacak ve kim bilir neler neler yapacak... Annem daha şimdiden, "Ben bu Abdullah'ı nasıl zaptedeceğim?" diyor.

Son bir haber daha: Dün okulda Yüksel Öğretmen beni yanına çağırdı ve, "Şerife, senin bu yaz resim çalışmaları yapmanı istiyorum," dedi.

"Nasıl öğretmenim?"

"Siz yaylaya çıkacaksınız, değil mi?"

"Evet, öğretmenim."

"Öyleyse bu kâğıda yazacağım araç gereçleri al, sonra da yaylada göreceğin kır çiçeklerinin, değişik yaprakların, ağaçların suluboya resimlerini yap. Bu senin için güzel bir çalışma olur. Değişik konuları dene. Ben de arada sırada yaylaya gelir, senin çalışmalarını denetlerim, gerekli düzeltmeleri yaparım. Ne dersin, yaz tatilinde böyle bir çalışma yapmak ister misin?"

"Hem de nasıl, öğretmenim. Doğayı çok severim, onu çizmek benim için büyük bir zevk olacak. Sağ olun öğretmenim. Çok çok teşekkür ederim."

Okuldan çıktığımda keyfimden uçuyordum. Yüksel Öğretmen beni gerçekten yetenekli bulmasa böyle konuşmazdı. Verdiği listedekileri İstanbul'dan almaya karar verdim. Seninle çarşıları da gezeriz, bir iki elbise almak istiyorum. Çok çok mutluyum.

Bu yaz yaylada epeyce işim olacağa benzer, çünkü annem geçenlerde ablalarıma, "Şerife, İstanbul'dan döndükten sonra yaylada ona yavaş yavaş dikiş öğretin, zamanı geliyor artık," deyince, Hatice Ablam bana ilik çalışmasını, baskı ve sürfile yapmasını öğretmeyi kararlaştırdıklarını söyledi, oysa ben hemen etek dikmek istiyorum. Annem, "Kızım, her şey usulünce yapılırsa bir şeye benzer. Sen alfabeyi bilmeseydin, okuyabilir miydin? Önce mandal torbası ya da ufak kese dikersin, sonra da becerine göre ablaların daha zor şeyler öğretirler," dedi.

Çok çok sevinçliyim. Düşün, hem seni, hem İstanbul'u göreceğim. Sonra da yaylaya gidip resim yapacağım, dikiş öğreneceğim. Bir de Nazife Ablam sınavları kazansa... Sonuçlar ağustosta bildirilirmiş, onca zaman nasıl bekleyeceğiz. Mektup uzun oldu, oysa ders çalışmam gerek. Yakında görüşmek üzere...

Sevgiler
Şerife

22 Mayıs

Aslan Şerifecik!

İşte bomba haber diye buna derler! Sen sadece büyük bir ressam değil, müthiş bir kızsın da. Demek seninle görüşeceğiz, ne güzel Yarabbi, ne güzel! Seni tüm arkadaşlarımla tanıştıracağım, çünkü yıl boyu hepsi, 'Nilgün'ün esrarengiz arkadaşı' diye bana takılıp durdular. Mektubunu okur okumaz, hemen bu güzel haberi anneme, babama, Defne'ye, hatta Pamuk Prenses'e bile söyledim. Sonra telefonun başına oturup dedemleri aradım ve senin geleceğini bildirdim. Dedem, "Desene senin beceremediğini Şerife becerdi, Hafız," diye bana takıldıktan sonra, "Arkadaşın burada kaldığı sürece arabam ve ben, siz genç hanımların emrinde olacak," dedi. Anneannem de çok sevindi. "Şerife'ye İstanbul'u gezdiririz," dedi. Böylece Şerifecik, arabamız, şoförümüz ve rehberimiz anneannemin tarih bilgisi bizi hazır bekliyor.

Seni Ayasofya'ya, Topkapı Sarayı'na, Yerebatan Sarayı'na, Malta Köşkü'ne götüreceğim. Sonra bir gün de çarşılara çıkarız birlikte, istediklerini alırsın. Şişli ve Nişantaşı'ndaki tüm dükkânları çok iyi bilirim, seni hepsine götürürüm, yorulunca da bir pastaneye girer, pastalar yeriz. Seni Kapalıçarşı'ya da götürürüz, orası tam bir eğlence. Bir başka gün de arkadaşlarımı bizim eve çaya çağırırım, hepsini tanımış olursun. Yine bir başka gün Tarabya'ya dedemlerin evine gider, bahçede koştururuz, sana ağacımı gösteririm.

Annemle babam, Nazife Ablan için ne gerekliyse yapmaya hazırlar. Sınavı kazanacağına da eminim. Benim altıncı duyum çok güçlüdür! Keşke baban Abdullah'ı da getiriyor olsaydı, o zaman tam şenlik olurdu, değil mi?

Bize lütfen geliş tarihinizi ve kalacağınız otelin adını bildirin, sizi hemen arayalım. Ay, geleceğine nasıl seviniyorum, nasıl seviniyorum... İçim içime sığmıyor. Hep ilk karşılaşacağımız anı düşleyip duruyorum.

Seni dört gözle bekleyen arkadaşın
Nilgün

Gerçekten de Şerife'nin geleceği tarihi öğrendiğinden bu yana, Nilgün günleri değil, saatleri saymaya başlamıştı. Artık ona hayal kurmak, sevinçlerini, üzüntülerini yazıyla paylaşmak yetmiyor, arkadaşını görmek, ona dokunmak, onu kucaklamak istiyordu. Bazen bu duygusu içine sığmıyor, "Şerifecik, canım arkadaşım benim," diye kendi kendine küçük çığlıklar atarak evin odalarını dört dönüyordu.

Şerife de onun kadar heyecanlıydı, ama yol hazırlıklarının telaşı, yolculuk, büyük bir kente gitme, tüm bu yeniliklerin hepsi birden onu etkiliyordu. Zaman Şerife için hızlanmıştı sanki, her şey baş döndürücü bir hızla oluyordu. Evden çıkışları, annesinin arkalarından bir kova suyu, "Tez gidin, sağlıcakla dönün," diyerek kapı önünde boca edişi, tüm kardeşleriyle ayrı ayrı kucaklaşması, arkadaşıyla buluşmalarının sevincine karışan, sevdiklerinden ilk kez ayrı düşme üzüntüsü, otobüse binmeleri, o hiç bitmeyecek gibi uzayıp giden yollar...

Sıcak bir haziran sabahı, Taksim'e doğru hızla yol alan arabanın içinde Nilgün oturduğu yerde kıpır kıpır kıpırdanıyordu. Konuşamayacak denli heyecanlıydı. Arada bir dedesinin elini tutuyordu yalnızca.

Aynı anda Taksim'deki bir otelin girişinde, babasıyla ablasının ortasında oturan Şerife ise gözlerini duvardaki yaldızlı saatten alamıyordu. O da bir başka sabırsızlık içindeydi. Saate bakmadığı zamanlar gözünü döner kapıya dikip bekliyordu.

Kapı yine döndü, bu kez orada saçlarını atkuyruğu yapmış, pantolonlu bir kız duruyor, çevresine bakınıyordu. Şerife hemen ayağa fırladı, aynı anda Nilgün de Şerife'yi gördü. İki çocuk birbirlerini anında tanıyıvermişlerdi. Sevinçle birbirlerine doğru koştular.

Bu küçücük yüreklerde filizlenen arkadaşlık ve kardeşlik duygusu, yarının büyükleri olacak tüm çocukların yaratacakları dünyanın ilk müjdecisiydi...